DEI GLORIA INTACTA

DEI GLORIA INTACTA

O MISTÉRIO INICIÁTICO CRISTÃO DA SAGRADA ROSACRUZ PARA A NOVA ERA

J. VAN RIJCKENBORGH

LECTORIUM ROSICRUCIANUM
2018

Título original:
DEI GLORIA INTACTA

Tradução da edição francesa de 1958
DEI GLORIA INTACTA

4ª edição brasileira revisada e corrigida
2018

LECTORIUM ROSICRUCIANUM

ESCOLA INTERNACIONAL DA ROSACRUZ ÁUREA

Sede Internacional
www.rozenkruis.nl
info@rozenkruis.nl

No Brasil
www.lectoriumrosicrucianum.org.br
info@lectoriumrosicrucianum.org.br

Dados Internacionais de Catalogação na Publicação (CIP)

R572

Rijckenborgh, J. van.
O mistério iniciático cristão: Dei gloria intacta /J. van Rijckenborgh – 4. ed. – Jarinu, SP: Editora Lectorium Rosicrucianum, 2018. 240p.; 21cm

ISBN 85-88950-06-5

1. Rosacruzes. I.Título.

CDD 135.43

Pentagrama Publicações.
Caixa Postal 39 – CEP 13240-000 – Jarinu – SP – Brasil
www.pentagrama.org.br
livros@pentagrama.org.br

Índice

Prefácio

O leitor atento que comparar esta edição com a primeira edição holandesa de 1946 descobrirá que grande parte do que foi anunciado na primeira cumpriu-se posteriormente. A humanidade entrou no tempo da ceifa, e o campo da colheita, o novo reino gnóstico, está pronto. A fraternidade gnóstica mundial toma o seu lugar na vinha do Senhor porque a seara está madura e abundante.

Possam os inumeráveis pesquisadores – aos quais seu estado interior dê a possibilidade de juntarem-se à colheita – entender os sinais de nossa época e reagir ao chamado da Gnosis. Possam eles, assim, reconhecer o caminho da salvação e penetrar o mistério iniciático cristão da sagrada Rosacruz.

Dei Gloria Intacta!
A Glória de Deus é Intangível!

Prólogo

Temos todos os motivos para nos rejubilar por estes tempos de bem-aventurança em que Deus, único e misericordioso, tem derramado tão abundantemente suas bênçãos e sua bondade sobre a humanidade, a fim de divulgar cada vez mais o conhecimento a respeito de seu Filho e da natureza. Além de revelar a metade desconhecida e oculta do mundo, Ele nos desvela muitas criaturas da natureza e obras maravilhosas e desconhecidas até nossos dias. Ele envia homens muito iluminados e de nobreza espiritual para que regenerem, em certa medida, as ciências corrompidas e imperfeitas a fim de que finalmente o homem possa reconhecer sua nobreza, sua magnificência, e ainda compreender a abrangência de seu poder na natureza e a razão pela qual ele é denominado microcosmo.

Na verdade, o mundo insensato pouco aproveita desse saber; ao contrário, zomba, ri e dele desdenha. Ademais, o orgulho e a ambição dos eruditos são tão grandes que os impedem de se unirem, a fim de compilar tudo aquilo que Deus nos tem transmitido em profusão e compor um *librum naturæ,* ou mesmo de forjar um elo de ligação entre todas as ciências. Não, cada um faz questão de atormentar o outro e oferecer-lhe oposição.

Nosso piedoso e espiritualmente iluminado Pai e Irmão Cristão Rosacruz, trabalhou muito, e por longo tempo, a fim de levar a efeito uma reforma geral; numerosos irmãos foram enviados pelo mundo a seu serviço, com o mesmo fim, ou seja: fundar uma ordem mundial, que "não é deste mundo", ordem da qual Jesus Cristo assim testemunha:

"Em verdade, em verdade te digo que se alguém não nascer de novo, não pode ver o reino de Deus." Nicodemos lhe diz: "Como pode um homem nascer, sendo velho? Pode, porventura, voltar ao ventre materno e nascer uma segunda vez?" Jesus responde: "Em verdade, em verdade te digo: Quem não nascer da Água e do Espírito, não pode entrar no reino de Deus."

E Paulo, o iniciado, continua em sua Epístola aos Hebreus: "A esse respeito temos muitas coisas que dizer, e difíceis de explicar, porquanto vos tendes tornado tardios em ouvir. Pois, com efeito, quando devíeis ser mestres, atendendo ao tempo decorrido, tendes novamente necessidade de alguém que vos ensine de novo quais são os princípios elementares dos oráculos de Deus; assim vos tornastes como necessitados de leite, e não de alimento sólido. Ora, todo aquele que se alimenta de leite é inexperiente na palavra da justiça, porque é criança. Mas o alimento sólido é para os adultos, para aqueles que, pela prática, têm as suas faculdades exercitadas para discernir não somente o bem, mas também o mal." Porque, deixando o ensinamento elementar relativo a Cristo aos iniciantes, caminhamos para a perfeição, pois o conhecimento de Deus é somente para os fortes! "Porque a palavra de Deus é viva e eficaz, e mais cortante do que qualquer espada de dois gumes, e penetra até ao ponto de dividir alma e espírito, juntas e medulas, e é apta para discernir os pensamentos e propósitos do coração. E não há criatura que não seja manifesta na sua presença; pelo contrário, todas as coisas estão descobertas e patentes aos olhos daquele a quem temos de prestar contas."

"Portanto, também nós que temos a rodear-nos tão grande nuvem de testemunhas, desembaraçando-nos de todo peso e do pecado que tenazmente nos assedia, corramos com perseverança a carreira que nos está proposta, olhando firmemente para o Autor e Consumador da fé, Jesus, o qual em troca da alegria que lhe estava proposta, suportou a cruz (...). Ora, na vossa luta contra o pecado, ainda não tendes resistido até ao sangue, e estais esquecidos da exortação que, como a filhos, discorre convosco: Filho meu, não menosprezes a correção que vem do Senhor, nem desmaies quando por ele és reprovado; porque o Senhor corrige a quem ama, e açoita a todo filho a quem recebe." Se suportais a correção, Deus vos trata como a seus filhos!

"Toda disciplina, com efeito, no momento não parece ser motivo de alegria, mas de tristeza; depois, entretanto, produz fruto pacífico aos que têm sido por ela exercitados, fruto de justiça. Por isso, restabelecei as mãos decaídas e os joelhos trôpegos; e fazei caminhos retos para os vossos pés, para que não se extravie o que é manco, antes seja curado. Segui a paz com todos, e a santificação, sem a qual ninguém verá o Senhor, atentando diligentemente por que ninguém seja faltoso, separando-se da graça de Deus; nem haja nenhuma raiz de amargura que, brotando, vos perturbe e, por meio dela, muitos sejam contaminados."

Vós, adultos, chegastes ao Monte Santo, à cidade do Deus vivo, à Jerusalém celestial, à Fraternidade dos

Primogênitos que estão no outro reino, o reino de Jesus, o Mediador de uma nova aliança. Aqueles, pois, que participam do reino imutável, sejam gratos e sirvam de todo o coração ao Senhor e à sua Fraternidade.

Esperamos e oramos para que reflitais cuidadosamente acerca de tudo o que vos ofertamos aqui e que coloqueis à prova nossos pontos de vista da forma mais precisa e clara possível, sondando fervorosamente os tempos atuais.

Aquele em cujo coração habita a falsidade ou que cobiça tesouros não será capaz de nos infligir dano algum; pelo contrário, fará com que a maior e mais profunda perdição precipite sobre si mesmo.

E assim, nossa construção, ainda que vista por centenas de milhares, permanecerá para sempre totalmente oculta, invisível, indestrutível e intacta.

Lectorium Rosicrucianum

Orientação

1

No curso da história da humanidade, notamos que dois métodos de desenvolvimento esotérico chamam a atenção de todos os que, devido a uma inclinação natural e aspiração interior, desejam seguir o caminho da libertação. A história da magia mostra que dois sistemas de desenvolvimento mágico foram constantemente aplicados em todas as civilizações. Segundo as flutuações das diferentes épocas culturais, os dois métodos foram aplicados, seja simultânea, seja sucessivamente.

Na filosofia moderna da Rosacruz, um desses sistemas é designado como divisão da personalidade e outro como cultura da personalidade. Em ambos os sistemas, a idéia fundamental é que o homem é imperfeito, semiconsciente, presa da ilusão, porém perfeição, consciência total e verdade absoluta existem e o esperam. A elas seus hierofantes o exortam. Então são-lhe apresentados os métodos de treinamento e de realização, como os caminhos entre o presente e o desejado futuro da humanidade.

E assim vemos como surge, das profundezas dos séculos, a *divisão da personalidade*. O candidato teve de aprender, pelos métodos de alimentação, pelo controle da respiração, pela ascese, pela concentração e contemplação, pelo governo das forças da palavra, a realizar a divisão da sua personalidade quádrupla. Por meio dessa divisão ou pelo domínio da lei de coesão, que mantém concentricamente os quatro veículos da personalidade, o aluno podia, à vontade, separar o veículo material e seu duplo etérico dos dois veículos mais sutis, a fim de viajar com estes, em plena consciência, nas assim chamadas regiões superiores. Ele podia restabelecer depois a coesão dos quatro veículos e concluía, assim, haver explorado o caminho entre a ilusão e a realidade e podia progredir, de força em força, na luz de possibilidades inteiramente novas de vida. Afinal, não tinha ele feito uma ligação entre as profundezas tenebrosas do mundo e as radiantes e resplandecentes possibilidades de uma nova era? Ele pôde reunir-se a irmãos e irmãs do mesmo valor; era livre, era um "filho da aurora". E, conjuntamente com essa cidadania adquirida nos dois mundos, desenvolviam-se outras faculdades, tais como: elevação da capacidade sensorial e uma penetração cada vez mais profunda, mais direta e mais independente no plano das coisas.

Para esse candidato das antigas escolas espirituais, Deus era verdadeiramente misericordioso! Ele, o candidato, estava liberto! E, junto com numerosos companheiros, podia, em sua felicidade inexprimível, trabalhar num raio de ação quase ilimitado, a serviço do reino da Luz, para elevação daqueles que ainda caminhavam nas trevas.

Grande e glorioso foi o trabalho realizado por todos esses antigos iniciados e libertos! O traço luminoso de seus atos brilha como flama na memória da natureza.

A essa Luz, proveniente da antiga sabedoria do oriente, foram ligados milhares de ocidentais ameaçados de sucumbir nas garras vampirescas do materialismo e da incredulidade. Quando o nadir da materialidade elevou os seus muros, aqueles que contra esses muros martelavam para encontrar uma passagem foram orientados na direção do passado e de suas luzes resplandecentes por uma falange de trabalhadores iluminados. Quando muitos se sufocavam na camisa-de-força da matéria, e a religiosidade que a ela se adaptava já não podia oferecer nenhuma saída, apareceu, como uma medida de emergência, a mão estendida e cheia de amor da Fraternidade da Luz para conduzir os homens enfermos em direção ao passado.

Estará, então, a nossa libertação no passado? Não, mas nele podemos encontrar a consolação e a salvação, segundo o preceito áureo. "Aquele que não quer aprender do passado é punido no futuro". Eis por que, como um ato de amor, o passado sempre apela ao conhecimento subconsciente quando, por ignorância e ilusão, bloqueamos os caminhos do futuro.

E havia igualmente no passado, entre os antigos egípcios e gregos, esoteristas que apresentavam um caminho de desenvolvimento completamente diferente do escolhido por aqueles que buscaram abrir um caminho de libertação pela divisão da personalidade. Este segundo grupo supunha que este mundo não devia ser rejeitado e também que a Luz não podia ser atingida senão através da elevação e do aperfeiçoamento deste mundo. Considerando o fato de estarem o homem e a natureza em oposição ao reino da Luz (e eles assim se encontravam), seria preciso cultivar e harmonizar este homem e esta natureza.

Portanto, eles ensinavam a magia da *cultura da personalidade*, a exaltação do *anthropos*, do homem, de baixo para cima. Assim, métodos de purificação da raça e do sangue foram elaborados, segundo normas mágicas; e, visto que o homem não podia se manter num mundo e num reino da natureza por ele superados, então os outros reinos dessa mesma natureza deviam ser elevados simultaneamente a um plano superior. Por conseguinte, a agricultura, a horticultura, a pecuária e a indústria dos produtos animais, inclusive numerosas outras instituições julgadas necessárias à vida humana, foram estabelecidas, de modo totalmente novo, em colônias mais ou menos extensas, formadas por aqueles que praticavam os mistérios. Essa nova maneira estava perfeitamente adaptada ao homem que progredia na cultura da personalidade. E desse modo também foram obtidos resultados mágicos. Conseguiu-se, assim, uma consciência nos domínios superiores e uma ampliação das faculdades sensoriais, mas tudo isso fundamentado na matéria que participava da glória da elevação do homem. Até certo ponto, a resistência da matéria foi vencida, não por escapar dela, mas submetendo-a e cultivando-a.

Assim, enquanto um desses métodos colocava a iniciação *fora* do corpo, o outro a colocava *no* corpo, incluindo também o veículo material. Por meio deste último método, numerosos ocidentais foram salvos da condição de morto-vivo da petrificação espiritual e do caos de um espantoso declínio, e foram também conectados a um raio da antiga sabedoria, a fim de serem preparados e preservados, mediante o passado, para um eventual novo futuro.

II

Agora que esse futuro teve início, todos aqueles que anelam por um processo de desenvolvimento esotérico, e para aí se inclinam, encontram-se diante do mistério iniciático cristão da sagrada Rosacruz para a nova era.

Os dois antigos sistemas esotéricos impediram o declínio vertiginoso dos ocidentais, ligando-os, por uns tempos, ao passado, a fim de que escapassem a uma irremediável cristalização e às suas conseqüências. Entretanto, devemos compreender claramente que os antigos sistemas esotéricos, como métodos de iniciação, como forças libertadoras, são ineficazes estruturalmente para os ocidentais.

Aliás, se devêssemos medir o sucesso dos obreiros que trouxeram para o ocidente a antiga sabedoria pelo número dos estruturalmente libertos, ficaríamos grandemente decepcionados. Foi somente a idéia dos antigos e a vida latente nela que preservou numerosos ocidentais. Os antigos sistemas, como escolas iniciáticas, foram, para o ocidente, total fracasso, e não podia ser de outra maneira. E o tempo não está distante, se já não chegou, em que os antigos métodos já não possuirão, nem mesmo para os orientais modernos, aspecto estrutural libertador.

Nosso mundo e a quádrupla personalidade humana estão, sob a influência de extraordinária força cósmica, submetidos à contínua mudança. A humanidade, considerando o estado atual de seu sistema de veículos, dirige-se rapidamente ao encontro de grave crise. O mundo ocidental, em princípio, entrou nessa fase crítica desde o começo do nosso século[1], e agora essa crise atingiu, para o ocidente, a fase aguda.

Se no antigo passado era possível ao candidato esotérico libertar-se pela maneira acima esboçada e festejar um glorioso retorno, se foi necessário na primeira parte deste século reconduzir, segundo a idéia, o pesquisador ocidental em direção ao passado, agora, no período em que a humanidade entrou, os olhares devem ser dirigidos exclusivamente para o futuro.

Para os milhares de pesquisadores esotéricos não é mais válida a divisão da personalidade, nem segundo a idéia, nem estruturalmente. Tal divisão conduzirá, no futuro, corporal e espiritualmente, a estados altamente indesejáveis. E para esses mesmos milhares de pesquisadores também já não é válida, daqui por diante, a cultura da personalidade. No futuro, esse método, do mesmo modo, deve ser rejeitado como estruturalmente prejudicial.

Os órgãos de secreção interna, que desempenham um papel tão importante nas questões ocultas, já não são capazes, em conseqüência da mudança das condições corporais, atmosféricas e cósmicas, de reagir aos sistemas dos antigos. Esse portal de libertação outorgado no passado está irrevogavelmente fechado para a humanidade. Diante desse fato incontestável, o chamado da antiga sabedoria perdeu seu poder libertador, a religiosidade oficial perdeu todo o atrativo e a influência, e as experiências esotéricas do passado, preconizadas nos livros ou nas lições, já não podem despertar senão um riso homérico, riso destinado a esconder o sofrimento.

[1] Século xx (N.T.)

No século XX, muitos foram aqueles que vislumbraram a assimilação da antiga cultura espiritual esotérica. Certos círculos pensaram que, evitando os perigos, poderiam atuar de forma libertadora e redentora, distorcendo a antiga sabedoria no sentido ocultista-cristão e produzindo assim uma espécie de síntese.

Algumas dessas experiências, por sinal muito compreensíveis, foram conduzidas, provavelmente de boa-fé, até mesmo sob o nome de Rosacruz. Todavia, elas devem ser consideradas grave ilusão, pois existe um mistério de iniciação cristã completamente independente e puro, preconizado pela sagrada rosacruz, que permanece intacto até hoje; um mistério totalmente livre, tanto em estrutura como em princípio, dos métodos e sistemas antigos.

No futuro, todos os esoteristas sinceros deverão ligar-se a esse mistério que se encontra velado nos evangelhos. Trata-se de um sistema que se tornou imprescindível para os pesquisadores; um sistema que deve ser anunciado a toda humanidade e que, se Deus quiser, possibilitará a manifestação do verdadeiro critianismo.

III

O método de iniciação da nova era caracteriza-se por uma *transmutação da personalidade*: o segredo do renascimento evangélico. Nem divisão, nem cultura da personalidade; não se trata tampouco de fuga ou sublimação de algo que normalmente está condenado ao declínio, e sim de transmutação da personalidade, de reconstrução, na e através da força de Cristo e de sua Hierarquia, de uma personalidade absolutamente nova, conquanto o espírito atue ainda na velha personalidade.

Nesse novo método, o candidato parte do conhecimento de que sua personalidade quádrupla atual não está incluída no plano de Deus, e por isso ela é inaceitável e pecadora. Nesse método, o candidato sabe que a consciência dessa personalidade constitui, no seu microcosmo, verdadeira mistificação e um entrave; ele compreende perfeitamente a palavra de Paulo: "Porque, para Deus, não há acepção de pessoas", quer se trate da personalidade dividida ou da personalidade cultivada.

Pelo novo processo de iniciação cristã, o aluno compreende que "aquele que perder sua vida (da velha personalidade) receberá a vida (de uma nova personalidade)". Ele compreenderá tratar-se de um renascimento absolutamente completo segundo a personalidade quádrupla.

A totalidade da manifestação cristã de salvação não deixa nenhuma dúvida a esse respeito. Nicodemos (ver o Evangelho de João) disso nada compreendeu, mas os candidatos da nova escola iniciática deverão ser claramente penetrados por esse saber para que uma luminosa multidão de novas testemunhas de Deus, em breve, possa espalhar-se sobre este mundo de trevas.

Será talvez demasiado difícil, para muitos, libertarem-se da autoridade dos antigos, que supunham encontrar-se a personalidade humana submetida a um processo de evolução, como o foi, no passado, a um processo de involução.

Entretanto, essa opinião repousa sobre um mal-entendido. Aquilo que outrora involuía não era o sistema de veículos considerado no plano original de Deus, mas uma personalidade anormal, que soçobrou no nadir da matéria, arrastando em sua queda o espírito agrilhoado. A figura celeste, o corpo primordial quádruplo do espírito, pereceu por efeito dessa queda, mas não como resultado da morte, da decomposição. A natureza dessa figura celeste era de substância muito divina para que isso acontecesse. Eis por que não podemos nos referir melhor ao estado atual da figura celeste do que indicando-a como “adormecida”. Adormecida, mas que poderá ser despertada e reerguer-se quando o homem souber escapar à miragem de sua personalidade temporária anormal e ver claramente o seu estado.

Nosso ser espiritual mais elevado deve agora utilizar a personalidade terrestre, o que, aliás, visto do alto, é uma situação extremamente indesejável. Além disso, o espírito central está fortemente restringido, embaraçado pela consciência biológica inerente à personalidade terrestre. A pesquisa do esoterista deve levá-lo a ver a divisão da personalidade terrestre como manobra de desvio, uma nova ilusão, cheia de sofrimento, e também que a cultura da personalidade, seja qual for, é um agravamento das dificuldades em nós causado pela consciência-eu.

A tarefa que o terceiro método mágico propõe ao pesquisador é o “renascimento”, isto é, o “despertar da figura celeste adormecida”, por meio do cristianismo. Trata-se, pois, do nascimento de uma nova personalidade celeste enquanto o homem ainda se encontra na velha personalidade. O despertar dessa nova figura está ligado a leis completamente diversas das dos antigos sistemas esotéricos, e essas novas leis são as que o candidato deve estudar e aplicar.

A realização do novo ser se processa de cima para baixo. Primeiramente a faculdade pensante, depois o corpo astral, em seguida o corpo etérico como matriz do novo corpo material.

Para fazer surgir o homem celeste, em primeiro lugar se faz necessária uma mudança fundamental, a negação básica do velho eu, a despedida de toda a magia que colocava esse "eu" em primeiro plano.

Deve ficar bem claro, igualmente, que não se trata de negligenciar a personalidade terrestre, nem a indispensável vida terrestre. Contudo, temos de organizar as diferentes bases de nossa vida de tal maneira que disso resulte um comportamento de vida capaz de promover o verdadeiro objetivo do renascimento. Como estamos ligados a uma manifestação biológica, devemos pagar assim o amargo tributo de nos encontrarmos no mundo, mas, por um comportamento racional, contribuímos para a construção do "que não é deste mundo".

A Fraternidade da Rosacruz Áurea dirige um apelo a todos os que buscam sinceramente a libertação, a fim de os levar à compreensão do princípio fundamental da nova dispensação: romper com o velho e ir ao encontro da nova vida!

IV

Na prática, o candidato deve compreender que o terceiro sistema de iniciação é completamente novo para a maior parte do público pesquisador e, por isso, deve ser propagado. À medida que a divulgação do mistério cristão for sendo realizada no mundo, será desenvolvida uma nova igreja mundial, já ligada à Escola dos Mistérios Cristãos. Por toda parte os obreiros estão sendo enviados a fim de organizar o trabalho, pois, ainda que o terceiro sistema tenha sempre existido após a revelação de Jesus Cristo, somente um grupo relativamente restrito e exclusivo de candidatos pôde sentir a felicidade inexprimível de ser liberto por esse sistema.

A razão de o santo mistério ter sido até aqui guardado e encoberto, deve-se ao fato de que a humanidade, embora houvesse alcançado o nadir da materialidade segundo a sua manifestação terrestre, ainda não se chocara completamente e em número suficiente com o obstáculo que a natureza terrestre representa. Essas condições agora se concretizaram e ocasionaram muitas reações cósmicas. O período de crise já começou e os véus estão sendo afastados.

É com razão que podemos considerar Paulo um dos hierofantes da verdadeira comunidade cristã. Ele é, por vezes, também designado como o primeiro rosacruz de nossa era. Com efeito, ele foi o primeiro na história exotérica a converter a cruz da natureza em cruz da vitória, atar as rosas à cruz e despertar a figura celeste. Recomendamos a todos aqueles que desejam seguir o caminho do renascimento cristão e necessitam de uma primeira orientação, a leitura do magnífico capítulo 15 da Primeira Carta aos Coríntios, pois ali se encontra todo o desenrolar do novo nascimento.

Se o candidato deseja começar e continuar, com sucesso, esse renascimento, saiba, pois, que duas coisas são necessárias: em primeiro lugar, uma mudança fundamental, e em segundo, a posse pessoal de Jesus Cristo. A primeira condição significa despedir-se em princípio da natureza terrestre e assumir atitude mental totalmente diversa para com esta natureza, relativamente ao seu jogo sinistro do querer, desejar e agir no sentido autoconservador e especulativo que lhe é próprio.

O candidato deve chegar, pela mudança fundamental, à sua Patmos, a um estado de solidão livremente escolhido, isto é, a um estado de espera, neutro e inteligente, pelo seu "dia do Senhor". O aluno não deve, durante esse período, tentar forçar um resultado mediante desejo especulativo algum. Qualquer tentativa de forçar resultados interferiria de maneira desfavorável no seu desenvolvimento. Que o aluno se recorde da palavra tão conhecida: "Quando o discípulo está pronto, o Mestre aparece".

Além disso, deve-se vigiar para que essa neutralização da personalidade terrestre não seja empreendida a título de experiência. Isso conduziria, inevitavelmente, a conseqüências completamente negativas e lamentáveis, ou seja, à possibilidade de que o candidato caia sob a influência de uma entidade controladora, que tentaria obter poder sobre ele.

O candidato deve celebrar essa despedida da natureza movido por uma necessidade imperiosa de assim fazê-lo, pois a renúncia mística em relação ao mundo se lhe tornou uma necessidade interior. Chegando a esse ponto, a mudança fundamental pode ser aplicada com êxito e o resultado evidenciar-se-á. Então vem a iluminação, a transfiguração mística, a descida da radiação crística, e desse momento em diante o candidato vive da posse interior de Cristo, que assume a direção de sua vida.

Muitas pessoas falam de Cristo. Tem-se respeito por ele, tem-se amor por ele. Para essas pessoas Cristo é o Mestre, a personificação de tudo que é bom, belo e verdadeiro, mas em caso algum uma realidade viva. É impossível a esse gênero de pessoas desprender-se da autoridade, pois não possuem interiormente o Senhor de toda a vida. A vibração de Cristo não fala no sangue de suas almas, mas é essa a vibração que deve tomar forma no ser do candidato, se quisermos falar de renascimento.

Por que, indagarão, a posse interior de Cristo é fundamental? Devemos dizer, para vossa tranqüilidade, que essa posse é adquirida por meio de sucessivas fases, e uma fase elementar já é suficiente para fazer o candidato avançar no caminho por ele escolhido. A posse do Cristo interior é uma necessidade, pois o atual sistema de veículos do homem é de tal natureza que torna impossível ao aluno a realização de um trabalho assim gigantesco por suas próprias forças. A estrutura de suas células, o trabalho de suas glândulas endócrinas, os seus órgãos da consciência e os seus diversos fluidos psíquicos estão de tal maneira danificados, limitados e subjugados, que será impossível ao aluno despertar e vivificar suficientemente, sem auxílio, a sua figura celeste.

É claro, portanto, que o renascimento místico deve preceder o renascimento estrutural. E o milagre desse renascimento místico é que ele pode se realizar na personalidade terrestre inferior, aviltada, pecadora e destinada a morrer. Essa graça maravilhosa, nós a devemos a Ele, que não levou em conta a glória junto ao Pai e, tornando-se um de nós, mergulhou em nossa natureza terrestre. E assim, graças ao estado crístico humano, o princípio salvador e libertador de seu ser pôde ligar-se à nossa consciência-sangue pecadora.

É unicamente sobre essa base que o renascimento estrutural pode ser estabelecido e que o aluno "morre cada dia um pouco" (I Cor.15:31). Esse "morrer" segundo a natureza refere-se à mudança diária pela qual passa a personalidade terrestre a fim de facilitar o processo do despertar da personalidade celeste. A quádrupla manifestação terrestre em sua totalidade está subordinada a essa grande finalidade e, à medida que o processo se desenvolve e que o objetivo é alcançado, o ser terrestre torna-se cada vez menos um obstáculo no caminho.

A morte diária significa a desagregação progressiva da consciência biológica, a extinção da autoconservação e de todos os desejos inferiores e especulativos, assim como o desaparecimento de todas as funções animais; e essa aniquilação, quando as leis vitais são estritamente respeitadas, assegura uma existência funcionalmente sã, por tanto tempo quanto for necessário. Através dessa morte diária o aluno poderá consumar a ressurreição da corporeidade celeste. O candidato que isso compreende poderá facilmente, como aconteceu com Paulo, em I Cor. 15:35, responder à pergunta "Como ressuscitam os mortos?"

Em todos os tempos, muitos homens acreditaram na possibilidade da ressurreição do corpo natural em estado glorificado. Entretanto, o julgamento divino pronunciado sobre esse corpo é irrevogável: ele se decompõe e jamais ressuscitará.

Há um *outro* morto que deve ressuscitar, aquele que está morto em nós há muitos eões, a saber: o verdadeiro homem com seus veículos celestiais, o cidadão do reino dos céus. Ora, a ressurreição desse morto somente pode se dar quando a personalidade terrestre vivente se aniquila. Eis por que Paulo diz (I Cor.15:42): "Semeia-se o corpo (divino) na corrupção (na natureza terrestre), ressuscita na incorrupção. Semeia-se em desonra, ressuscita em glória. Semeia-se em fraqueza, ressuscita em poder". Este é o mistério da ressurreição: o espiritual só será libertado quando a ligação com a natureza for dissolvida e demolido o ser da natureza. Eis por que "não é primeiro o espiritual, e sim, o natural" (I Cor.15:46). Tal é a dura realidade de nossa decadência.

No decurso dos séculos precedentes, procurou-se escapar a essa realidade inexorável, seja tentando ressuscitar o que é da natureza, seja abandonando-a através da divisão da personalidade e negando assim a realidade. Tem-se tentado também, freqüentemente, tornar aceitável a vida terrestre, recorrendo-se aos ensinamentos místicos e mágicos. Contudo, Paulo dá um basta a todas essas especulações mediante sua sentença: "Isto afirmo, irmãos, que carne e sangue não podem herdar o reino de Deus, nem a corrupção herdar a incorrupção" (I Cor. 15:50).

Eis por que é preciso aprofundar, como a golpes de martelo, na consciência do homem que busca a salvação que a idéia relativa ao caminho que o conduz à ressurreição do homem celeste morto encontra-se na mudança da personalidade e que o aluno que está diante de sua tarefa deve dizer conscientemente

"Convém que Ele cresça e que eu diminua". Ao mesmo tempo deve estar perfeitamente claro para ele que o "crescer" depende, absolutamente, de um "diminuir" progressivo, metódico, sobre uma base gnóstico-científica.

V

Com base em tudo isso, pode-se perguntar: o que devemos compreender por cristianismo?

Cristianismo é a iluminação e a reconciliação com a idéia original e com o estado original do gênero humano primordial, o reino dos céus.

Devemos situar a existência desse reino original da Luz – ao qual pertencemos como microcosmos – antes do chamado período de Saturno, no qual os esoteristas dos últimos séculos buscam a origem dos seus ensinamentos. O período de Saturno anuncia a história da queda do homem, e o cristianismo se propõe a nos reabilitar dessa queda, reconduzindo-nos às origens de nossa existência.

Conseqüentemente, é impossível compreender o cristianismo unicamente pelo coração; ele faz igualmente apelo à nossa razão superior e procura novamente libertar em nós essa razão pura e indispensável, pois o homem deve se desfazer das ilusões da ordem de socorro terrestre.

Para adquirirmos uma visão correta do cristianismo, ele deve ser compreendido em maior amplitude. O cristianismo não começa em Belém, mas nas margens do rio Nilo. Por isso, encontramos em Mateus 2:15: "Do Egito chamei o meu Filho". Mesmo essa indicação nos faz retroceder apenas 6000 anos, quando devemos considerar a mediação universal de Cristo como tendo uma duração de muitos milhões de anos.

Na época ariana em que a humanidade vive atualmente, devemos distinguir períodos de cerca de 6500 anos, em cada um dos quais uma tentativa é feita para reconduzir a humanidade decaída ao seu estado original. E seguindo uma linha de força cósmica, podemos ver como em cada um desses períodos da marcha de desenvolvimento a intervenção divina principia no Egito. A humanidade está ocupada em atravessar arduamente o trigésimo terceiro período de nossa época ariana. Em conformidade com isso, principiou quase 4000 anos antes de Cristo a trigésima terceira descida divina, descida coroada pela manifestação de Jesus Cristo no começo de nossa era. Essa é a razão pela qual se diz que Jesus tinha trinta e três anos quando morreu.

Uma reação da humanidade natural diante dessa manifestação desenvolveu-se do ano 1 ao ano 1939. A partir de 1939 e até 1950-1955, aproximadamente, a humanidade mergulhou num período de confusão terrível e de decadência. Os diferentes processos de colheita e de seleção começaram em 1955 e durarão até o ano 2658; entretanto, o período até o ano 2001 será particularmente importante para os ceifeiros.

Este livro não tem a intenção de tratar os problemas cosmológicos, astronômicos e astrológicos em detalhes, portanto contentamo-nos com essa sóbria indicação, para mais tarde, em obras que se prestarão melhor a essa finalidade, voltarmos a esses problemas.

No presente momento, nossa intenção é apenas fazer o aluno compreender que o cristianismo deve ser visto no sentido universal, e que do mesmo modo que a aurora da época ariana começou a brilhar no Egito aproximadamente há 200.000 anos, pela intervenção do Cristo cósmico, assim também, no curso de cada período de 6500 anos compreendido nesse longo espaço de tempo, sempre de novo "o Filho redentor é novamente chamado do Egito".

O leitor compreenderá, tendo em vista os longos períodos de tempo citados, que essa duração de 2000 anos após a coroação do recente trabalho libertador de Cristo, no fundo, representa um instante apenas, como um "piscar de olhos", e dessa forma descobrirá que o fato de manter os olhos fixos sobre um fragmento dessa descida divina constitui grande limitação.

O que se entende hoje oficialmente por cristianismo é uma forma fragmentária de religião que jamais poderá conduzir à compreensão e à libertação, mas que deve, aparentemente, preceder à verdadeira religião. Portanto, os últimos 2000 anos do intitulado "cristianismo" não são de modo algum perdidos. Essa "fragmentação" tem por objetivo gravar no sangue, isto é, na alma de milhões de indivíduos, por meio de constante repetição, um desejo preciso, certo estado de alma, ou seja, algo de individual.

Caso o renascimento falhe, esse gravar conduz, no início, a uma determinada qualidade, para logo depois, não havendo "renascimento", tornar-se rapidamente em uma ilusão. Nessa ilusão, que pode nos elevar até às nuvens, o romper da realidade torna-se ainda mais terrível. Isso faz que, sobretudo após os fatos espantosos dos últimos anos[1], incalculável quantidade de seres humanos esteja despertando de sua ilusão e se interrogando, cheia de angústia: "Como é possível que uma

[1] Ou seja, os anos antes de 1946.

verdade por mim sentida interiormente como *a* verdade, não seja libertadora, redentora? Onde está o erro?"

E assim o homem, cujo ideal fragmentário se quebrou contra o duro granito da realidade, torna-se maduro para uma revolução espiritual. A aurora dessa revolução espiritual já nos alcançou e a humanidade se encontra atualmente nas dores do nascimento de uma época absolutamente nova. Pelo sofrimento, morte e caos, certa fração da humanidade é preparada para tornar-se a colheita futura.

É evidente que essa revolução espiritual oferece grande número de aspectos cuja abordagem está bastante além do alcance deste livro. Nossa tarefa é elucidar o mistério iniciático cristão da sagrada Rosacruz para a nova era, na qual ingressamos atualmente, convidar os candidatos a entrar na Escola Espiritual moderna e chamá-los para a auto-revolução total, a fim de que possam ir ao encontro do ceifador, bem equipados, harmoniosos e com as lâmpadas acesas.

No período em que ingressamos, os corpos celestes deverão ser despertados e os candidatos aos novos mistérios deverão ser capazes de "se mover na luz de Deus" com o auxílio desses veículos imperecíveis. Todos aqueles que são capazes de ouvir são chamados a se tornar novamente "filhos de Deus".

VI

É muito importante determinar, tão concretamente quanto possível, a que tipo de pessoas se dirige este livro. A mensagem contida nestas páginas é destinada ao esoterista, considerado no mais amplo sentido, ou seja, ao predestinado e interiormente inquieto buscador da Luz.

Ele pode se reconhecer como tal, caso se sinta amadurecido pelo "impulso espiritual da reminiscência", isto é, caso sinta uma ligação inicial subconsciente com o reino de Luz perdido, a reminiscência de uma filiação rompida. Tal estado ocasiona interesse irreprimível pelo mundo oculto e desperta a pesquisa apaixonada de um estado original, perdido na noite dos tempos. Tal tendência revolve o ser e agita o sangue do aluno e, portanto, deve ser explicada pelo seu passado; a isso pode-se acrescentar os laços de sangue com os antepassados, laços esses que desempenham, igualmente, papel muito importante, como o testemunha abundantemente a literatura esotérica mundial.

O impulso espiritual da reminiscência impregna os veículos da personalidade de um certo estado de ser mágico natural. O próprio passado do candidato e seus antepassados falam pela voz do sangue, fixando sobre ele seu selo indelével. Esse impulso espiritual pode apoiar-se principalmente no corpo mental e aí determinar uma atração irresistível pelas pesquisas esotérico-científicas. Esse impulso espiritual pode também se exprimir, em primeiro lugar, através do corpo astral e engendrar, nessas condições, o intenso desejo de compreensão prática da magia; pode também se fazer sentir mais especialmente no corpo etérico, provocando, nesse caso, a sensibilidade etérica, a clarividência, a clariaudiência, penetrante intuição, etc.

A sensibilidade mágico-natural do corpo mental aparece mais freqüentemente entre os homens; a do corpo etérico, entre as mulheres, e a sensibilidade do corpo astral se manifesta tanto nos homens quanto nas mulheres que se esforçam por alcançar a realização nas diversas organizações esotéricas.

Salientamos enfaticamente que essa sensibilidade mágico-natural é uma compreensível reação da personalidade ao impulso espiritual da reminiscência. Essa sensibilidade, presente no nascimento ou despertada por vários exercícios, não constitui, em nenhum dos casos, prova de um progresso no caminho da perfeição espiritual. Ao contrário, a sensibilidade mágico-natural, inata ou adquirida, pode ser poderoso obstáculo ao desenvolvimento espiritual; ela pode reforçar a ilusão do eu e constituir grande perigo para o aluno.

O mundo está saturado de especulações esotéricas ligadas a numerosas correntes negativas do além, existindo hordas de espíritos presos à terra, os quais, conscientemente ou em virtude de sua natureza, tentam explorar o homem em suas tendências mágico-naturais, fazendo-os suas vítimas. Se o aluno corresponder a esses falsos atrativos que o fazem registrar aparentes sucessos, sua consciência-eu será influenciada até à demência e sua personalidade será escandalosamente explorada, sem promover-lhe o mínimo progresso no caminho da vida.

Que ninguém, portanto, se deixe tentar pelo romantismo ou pelas especulações relativas à sensibilidade mágico-natural, apresentando-a como alto grau de progresso. Nada é menos verdadeiro. A clarividência ou a posse de uma ou de outra qualidade mágico-natural não é prova de adiantamento. Todos os povos primitivos possuem essa aptidão, em maior ou menor grau, como vestígio rudimentar do passado.

Aqueles que, de maneira tão pouco agradável, são atormentados, arrastados ou explorados em decorrência de sua reminiscência, assemelham-se a esses jovens dos quais se diz: "Crescidos demais para serem tratados como crianças, e ao mesmo tempo imaturos demais para serem considerados adultos". Não podem mais viver inteiramente no campo da natureza terrestre material, pois o impulso espiritual da reminiscência os persegue sem tréguas, e não podem penetrar na nova vida, visto não possuírem as condições fundamentais exigidas para isso. Seu estado é essencialmente instável, posição perigosa que pode conduzi-los a várias anomalias se continuarem a reagir negativamente aos instintos mágico-naturais.

O aspecto possivelmente libertador do "impulso espiritual da reminiscência" decorre do fato de que o homem que o possui pode, sobre essa base, chegar à verdadeira magia, conhecida como a arte real e sacerdotal, mencionada por todas as religiões. Esse impulso nos impele em direção à Luz para, uma vez aí chegados, descobrirmos que ela não nos aceita na base de nossa sensibilidade mágico-natural.

Entre a meta e o homem esotérico, segundo a natureza, há um abismo largo e profundo, porquanto "a carne e o sangue não podem herdar o reino de Deus". Por isso, o homem que busca a Deus reconhece a necessidade da mudança fundamental mencionada, pois ela lhe será uma ponte para a nova vida. Desde que ele transponha essa ponte, a essência da verdadeira magia se lhe manifesta, e os meios de exercer a arte real e sacerdotal lhe são transmitidos. Essa arte divina se refere à reconstituição do poder primordial que o homem possuía outrora em seu corpo celeste. E mais uma vez afirmamos categoricamente: essa arte real não pode jamais ser o resultado direto da sensibilidade humana para a magia natural.

A verdadeira magia nunca explora essa sensibilidade natural, pois esta não passa de pobre e caricatural reflexo da lembrança do pré-passado da humanidade. Essa sensibilidade é necessária para sacudir o homem do seu torpor e fazê-lo sentir-se fora de seu elemento, tornando-o estrangeiro sobre a terra, porém, para que ela possa ser empregada em sentido libertador, deverá conduzir o homem ao limite extremo da matéria, onde somente a mão estendida pela Escola Espiritual pode libertá-lo.

VII

Restam à humanidade do mencionado trigésimo terceiro período, da época ariana, cerca de 700 anos apenas. Durante esses 700 anos será constituído um tipo de homem totalmente novo que abandonará gradualmente a forma mortal desta natureza terrestre e residirá na personalidade celeste.

Esse processo de transmutação da personalidade se desenvolverá, também, com diferentes transformações de natureza geológica, magnética e atmosférica, fora e dentro de nossa Mãe Terra. Sobretudo as modificações das condições atmosféricas e magnéticas, que já se fazem sentir fracamente agora, serão particularmente fatais para a humanidade atual.

A porção da humanidade que não puder se adaptar estruturalmente a essas mudanças e não estiver em condição de construir a nova personalidade seguirá uma linha de desenvolvimento degenerativo e desaparecerá, finalmente, em sangue e morte.

A outra parte, aquela que se encontra ocupada em se renovar, perderá cada vez mais o contato com a outra que se cristaliza, e uma separação definitiva porá fim a esse estado de coisas. O novo tipo humano constituirá a "colheita" do 33º período. O dia 20 de agosto de 1953, data onde termina a cronologia exotérica da grande pirâmide, marca o princípio da colheita; um novo desenvolvimento está em andamento.

O campo da colheita encontra-se preparado de baixo para cima, graças ao trabalho intensivo dos que compreenderam a missão da sagrada Rosacruz para a nova era, e os pioneiros já estão em condição de realizar a tarefa que lhes compete executar. O esforço conjunto dos chamados deve ser diretamente direcionado para isso, a fim de tornar a colheita desse período de intervenção divina tão abundante quanto possível.

Uma nova fraternidade mundial acha-se constituída e servirá de base ao grande trabalho da colheita e às escolas espirituais de renovação que se encontram ocupadas em estender suas atividades sobre toda a terra, pois as almas amadurecidas devem, com efeito, ser colhidas e colocadas diante da tarefa a executar: o renascimento. Conseqüentemente, os ceifeiros se preparam para agir como mentores do novo tipo humano em formação.

Entretanto, também hoje, como em todas as outras épocas de colheita, ouve-se o lamento: "A colheita é abundante, mas os obreiros são poucos". Este livro deseja, portanto, ser um modesto chamado capaz de despertar para a sua vocação aqueles que, embora interiormente predestinados, não se puseram ainda a trabalhar; deseja despertá-los para o chamado e dar-lhes algumas diretrizes gerais que tornarão viventes para sua consciência qualidades, aspectos e condições elementares aos quais deve corresponder o novo tipo humano. Esse apelo não pode, em caso algum, degenerar em conhecimento teórico ou em especulações filosóficas. Ele deve transmitir aos alunos sérios os conhecimentos práticos diretamente aplicáveis, pois o novo tipo de homem não nascerá de dogmas, mas exclusivamente de ações práticas.

Portanto, o leitor recebe nestas páginas novo ensinamento gnóstico que, se posto em prática, o enobrecerá até fazer dele um obreiro e um verdadeiro ceifeiro, assegurando-lhe, ao mesmo tempo, a própria elevação no caminho espiritual.

VIII

Como já ficou suficientemente demonstrado, trata-se de despertar a personalidade celeste e de conduzir a bom termo o seu renascimento estrutural. Essa personalidade celeste não se encontra desagregada, mas apenas morta-viva. Ela deve ser revivificada, e, tão logo isso se realize, o espírito central humano deve obter o controle sobre ela. Ao mesmo tempo, a personalidade da natureza humana deverá ser dissolvida, portanto deve ser iniciado e ser levado a efeito um processo de extinção segundo a natureza.

O aluno deve considerar esses dois processos como um todo, pois o corpo celestial somente pode se desenvolver através da natureza. A personalidade terrestre ou dialética é a base da formação da nova personalidade; os processos de demolição e de reconstrução se entrosam mutuamente. E essa possibilidade nós a temos graças ao trabalho de salvação em Cristo, trabalho que deve ser visto em ampla conexão com a total manifestação divina do trigésimo terceiro período[1].

Nos sete grandes impulsos religiosos desse período estava em jogo a realização de um trabalho que, além de revelar uma certa coesão, tinha também um objetivo bem definido e preciso, ou seja: a construção, em sucessão, dos sete degraus da escada que devia, em definitivo, conduzir para a manifestação suprema de Deus na carne, Jesus Cristo. A Hierarquia de Cristo fala, testemunha e opera em todas as religiões do mundo, mas é somente no último elo dessa corrente que festejamos a vitória em Jesus, o Senhor, e que se realiza uma ligação entre a unidade divina e a natureza temporária e ímpia do homem.

Como já vimos, a marcha do mundo é uma curva descendente e constitui uma realidade que se afasta da vida original, como o testemunham todas as religiões mundiais e todas as mitologias. Quando na dispensação ariana esse processo de declínio entrou em sua última fase, uma grande atividade se desenvolveu nos mundos da unidade divina. Diferentes impulsos divinos se manifestaram sucessivamente. Diante da crise iminente e aguda da existência humana antidivina, esses impulsos se esforçaram por estabelecer uma ligação

[1] Ver item v deste capítulo.

sistemática entre a humanidade decadente e a divina luz da unidade.

Inicialmente, em três impulsos sucessivos de natureza essencialmente abstrata, foram estabelecidas ligações com os três aspectos do assim chamado ego humano, ou seja, os três focos do espírito central na personalidade antidivina do homem. Graças a essas três ligações de Deus com o ego, o homem encontrava-se capacitado para, uma vez tocado o nadir da angústia, agarrar a escada a fim de elevar-se. Uma multidão de auxiliares e alguns milhares de anos foram necessários para formar esses três degraus superiores da escada celeste.

A ligação posterior, o quarto degrau dessa escada de Deus, tencionava influenciar a recente faculdade pensante do homem, a fim de que essa parte da personalidade humana terrestre não constituísse obstáculo absoluto para a libertação final.

O quinto degrau foi colocado para a ligação da Luz com o corpo de desejos, ou corpo astral, e o sexto degrau assegurou um domínio sobre o corpo etérico do homem.

Quando esse sêxtuplo e grandioso trabalho preparatório de libertação foi realizado pelos seis impulsos divinos nitidamente distintos (trabalho para o qual colaboraram milhares e milhares de auxiliares, pois Deus sempre se manifesta através de sua criação e sua criatura), a grande obra divina de salvação foi realizada e coroada pela construção do sétimo degrau da escada divina. Com esse propósito, a ligação com o corpo físico terrestre, com essa caricatura do ser primordial, efetua-se na sétima religião mundial, por intermédio de Jesus, o Senhor. Eis aqui a salvação divina que desce a nós no abismo de nossa existência a cruz da unidade descida até a nossa natureza da morte, efetuando uma ligação sangüínea, em amor infinito pelo mundo e pela humanidade, ligando seu sangue ao nosso.

Ora, se o homem quiser responder ao apelo da Luz, se quiser subir a escada de Deus, deverá fazê-lo começando pelo primeiro degrau, portanto, de baixo para cima, através do vínculo sangüíneo de Cristo com o campo de vida material. Meditai profundamente nas palavras de Cristo: "Sem mim nada podeis fazer. Ninguém vem ao Pai senão por mim".

Conseqüentemente, à luz do novo dia, não há sentido algum em se esquadrinhar o conjunto da sétupla manifestação religiosa deste período ariano na sua totalidade visto que essa manifestação chega agora ao seu fim; mas faz-se necessário extrair conclusões lógicas e dar cumprimento às conseqüências que esse conjunto implica.

O impulso divino crístico apresenta duas fases: uma histórica e outra atual, que se desenvolverá num futuro imediato. A fase histórica foi marcada pela ligação do sangue de Cristo com o nosso campo de vida material, fase que coincidia exatamente com a crise do declínio.

Agora que esse declínio está em seus últimos espasmos na atroz, sanguinária e desesperante derrocada de nossos dias, e que o homem-Deus desceu a escada dos sete degraus que conduz até o céu, o aluno deve agarrar essa Luz do mundo exclamando: "Não Te deixarei ir, se não me abençoares!", e perseverar até que seus quadris sejam deslocados, como aconteceu com Jacó.

Esse deslocamento simbólico dos quadris transporta a nossa atenção para a idéia Sagitário. Isso significa que toda a aspiração humana e toda a sua força vital devem ser voltadas e ajustadas para a salvação do mundo, a fim de que a sétupla bênção divina torne-se o quinhão da humanidade. Assim, todo o velho passado findou-se em Cristo, tornando-se tudo novo; o aluno tem o dever de iniciar sua tarefa no presente, proclamando diariamente que escolheu como ponto de partida racional e moral a sentença em bronze gravada sobre a lápide do sepulcro de Cristão Rosacruz: *Jesu mihi omnia* – Jesus é tudo para mim.

Ao aceitar o caminho da cruz, a natureza mortal, a personalidade terrestre, torna-se um portal para o espírito, para a ressurreição do corpo celeste. O aluno não vai levar a natureza mortal a uma sublimação; ele a emprega simplesmente a serviço desse outro processo. E o bom êxito disso depende do renascimento místico ou da mudança fundamental, da qual já falamos e que deve preceder o renascimento estrutural. O renascimento místico refere-se a uma união consciente com a força de Cristo, e essa união torna-se possível pela sétupla intervenção ariana divina, na qual o Logos nos reencontra corporalmente no sangue.

IX

Tudo o que acabamos de expor é a razão de ser do prólogo do Apocalipse:

"Revelação de Jesus Cristo, que Deus lhe deu, para mostrar aos seus servos as coisas que em breve devem acontecer, e que ele, enviando por intermédio de seu anjo, notificou ao seu servo João, o qual atestou a palavra de Deus e o testemunho de Jesus Cristo, quanto a tudo o que viu. Bem-aventurados aqueles que lêem e aqueles que ouvem as palavras da profecia e guardam as coisas nela escritas, pois o tempo está próximo.

João, às sete igrejas que se encontram na Ásia: Graça e paz a vós outros, da parte daquele que é, que era, e que há de vir, da parte dos sete Espíritos que se acham diante do seu trono, e da parte de Jesus Cristo, a fiel testemunha, o primogênito dos mortos, o soberano dos reis da terra. Àquele que nos ama, e pelo seu sangue nos libertou de nossos pecados, e nos constituiu reis e sacerdotes para seu Deus e Pai, a ele a glória e o domínio para todo o sempre. Amém.

Eis que vem com as nuvens (da nova atmosfera), e todo olho o verá, até quantos o traspassaram. E todas as tribos da terra se lamentarão sobre ele. Sim, Amém.

Eu sou o Alfa e o Omega, o Princípio e o Fim, diz o Senhor Deus, aquele que é, que era, e que há de vir, o Todo-poderoso."

É uma temeridade explicar no âmbito de um livro como este os fragmentos do Apocalipse, pois são muitas as razões que impelem o homem sincero a abster-se de semelhantes explicações. Através dos séculos, uma multidão de profanadores da Bíblia se atirou contra o Apocalipse, centenas de análises foram feitas e elas serviram de assunto para inumeráveis sermões, provocando, como resultado, a aversão de milhares de pessoas e o riso intempestivo de milhões de outras. Um sentimento de incapacidade para compreender apodera-se de todo aquele que empreende a leitura dessas estranhas e poderosas visões de João, e, contudo, lá está sempre de novo o irresistível poder de atração conduzindo o homem ao último livro da Bíblia. Até agora temos evitado, em nossas publicações, falar do Apocalipse, cuidadosos de não nos juntarmos ao coro daqueles que especulam com esse livro. Hoje, cedemos sob uma pressão mais poderosa do que a nossa resistência e vos falamos desse "fecho áureo" do livro de Deus, porque a hora está próxima.

Cada religião mundial tem seu tratado de mistérios, um testamento espiritual para uso dos iniciados e de seus discípulos. O testamento espiritual cristão irradia, em incomparável glória, no Apocalipse de João.

Jamais confundamos livros proféticos com a doutrina dos mistérios. Muitos são os livros proféticos na Bíblia; e, indubitavelmente, os livros dos mistérios também contêm esses elementos proféticos. Entretanto, há uma diferença profunda entre "revelações" e "profecias".

As revelações são dadas aos homens libertos, iluminados, que correspondem a certas condições e se encontram em um determinado estado espiritualizado; as profecias, por sua vez, são dirigidas àqueles que caminham nas trevas e que, sendo da terra, são de natureza terrena. Revelação significa conhecimento divino, profecia significa inquietação divina. A revelação quer dizer "graça"; a profecia, "julgamento".

Ora, a graça e o julgamento muitas vezes se entrelaçam, porém o julgamento só pode ser lido por aqueles que estão amadurecidos para a graça. Talvez o leitor compreenda agora as razões pelas quais os loquazes espirituais se encontram sempre de mãos vazias. Eles gostariam muito de conhecer o sentido cósmico, astrológico e filosófico do Apocalipse, porém isso não é possível, pois não querem aceitar o caminho. Os selos, as cartas, as trombetas e as visões somente podem existir para o leitor a partir do momento em que as vibrações da graça lhe iluminem o íntimo do ser. O Apocalipse é, pela sua natureza, um labirinto onde, incontestavelmente, podeis vos perder. Entretanto, existe um fio condutor com o qual se pode, com toda segurança, caminhar através de todos os salões e corredores desse labirinto.

Para os teólogos de outrora era um ponto importante saber quem havia sido o autor do Apocalipse: se João, o Evangelista, ou João, o mais velho. Para nós, o autor é o sublime hierofante dos mistérios cristãos, Jesus Cristo, que se expressa através de cada aluno que se encontra no caminho e que recebeu a graça mencionada. João, na verdade, significa: “Deus nos foi clemente”. Portanto, a revelação dos mistérios cristãos é o privilégio daquele ou daquela que participa da graça dos grandes processos de salvação vindouros.

É recomendado a tal aluno “prestar atenção a tudo o que está escrito no evangelho mágico”, e muito enfaticamente “porque os tempos estão próximos”. Ora, ele somente pode seguir essa ordem quando compreende perfeitamente a profecia, lendo-a e ouvindo-a. Essas lições foram escritas precisamente com a finalidade de conduzi-lo a essa compreensão imperiosa. Contudo, ele só pode compreender a partir do momento em que queira e possa ser um servidor e viva na comunidade do sangue do coração, com Cristo.

Se alguém, após a leitura do que precede, duvidar ainda do lugar supremo e excepcional do Apocalipse com respeito aos outros livros da Bíblia, mudará de opinião assim que tomar conhecimento da “missão”. A missão diz que João deve dirigir-se às sete igrejas que estão na Ásia. O sentido corrente dado a essas sete igrejas nada tem de sublime. Supõe-se geralmente tratar-se de sete igrejas eclesiásticas da Ásia Menor. Contudo, aqueles que são iniciados na linguagem dos mistérios cristãos sabem muito bem o que significam.

Ásia chama imediatamente a atenção para o Logos tríplice e sua ordem, seu mundo, no qual as verdadeiras almas residem, e ao qual pertence, igualmente, a personalidade celeste adormecida e esvaziada. Esse sublime ser tríplice, "que é, que era e que há de vir", emite em cada concentração de substância primordial na qual quer demonstrar sua majestade, seu amor e sua força, "sete correntes de forças dinâmicas que estão diante de seu trono". Correspondendo a essas sete forças, há igualmente sete estados de desenvolvimento espiritual, sete grupos e sete degraus de influências espirituais manifestando-se através do nome de Ásia, a tríplice divindade.

É portanto errado terem os círculos esotéricos pensado e ensinado existirem sete diferentes escolas de mistérios esotéricas dominadas por uma assembléia superior, uma ordem internacional conhecida sob o nome de Loja Branca. Entretanto, as sete escolas são apenas as sete expressões das sete forças primordiais, o Espírito Santo Sétuplo, atuando através de todos os tempos, em todas as esferas do nosso cosmo.

Todas as religiões mundiais divulgam esses sete espíritos primordiais, e os filhos dos mistérios devem, em um certo plano de seu desenvolvimento, subir os sete degraus, sofrer as sete experiências, dominar as sete leis e conhecer plenamente os sete dons da graça.

Pode-se agora ler o prólogo com suficiente clareza. Há neste mundo uma revelação de Deus, um santo mistério oferecido à nossa época, em Jesus Cristo e através dele, a todos aqueles que estão abertos para isso e aptos para recebê-la.

O santo mistério toca o homem joanino e este, em virtude de seu ser, não pode fazer outra coisa senão dar testemunho de tudo o que a ele se revela nesse toque.

Há, entre todos aqueles que observam com entendimento o desenrolar de semelhante processo em um dos seus irmãos que se aproxima da Luz, certo sentimento de bem-aventurança, a bem-aventurança da alegria.

Ora, esse mesmo João, em sua luta, se dirige às sete igrejas que estão na Ásia, isto é, aos sete aspectos de sua figura celeste. Essa figura que dorme, que entretanto é, que outrora era e que incontestavelmente de novo virá, é evocada por uma fórmula poderosa, um mantra divino.

Ela é evocada pelos "sete espíritos", o Espírito Santo Sétuplo que é de Deus e está junto d'Ele, e por Jesus Cristo, o hierofante do mistério cristão, o qual, "como primogênito dentre os mortos", demonstrou ao homem joanino a maneira pela qual o corpo celeste deve ser despertado através do corpo da natureza terrestre.

É nessa santa presença que João empreende sua tarefa.

A Mudança Fundamental

I

O santuário do coração do homem não tem existência independente. No desenvolvimento espiritual do aluno, esse santuário não é, como alguns supõem, um organismo autônomo ou mesmo auto-realizador. O santuário do coração é inteiramente controlado pelo santuário da cabeça, ou em outras palavras: a cabeça e o coração estão unidos e formam um sistema. A separação aparente entre o coração e a cabeça e os dois desenvolvimentos – o místico e o oculto – fundamentados nela são dialéticos, o que quer dizer, desta natureza terrestre, temporal.

O novo homem da era futura deve aprender a ver e a estabelecer o trabalho e considerar o desenvolvimento da cabeça e do coração como um todo indivisível. A separação que se manifesta neste mundo entre tendências místicas e tendências intelectuais fundamenta-se numa degenerescência. A unidade do coração e da cabeça mostra-se perfeita, mesmo sob o ponto de vista anatômico estrutural. O coração é controlado pela hipófise, pelo bulbo raquidiano, e muito diretamente pelos nervos cranianos; não resta essencialmente nada, anatômica e estruturalmente falando, do suposto trabalho próprio do coração.

O sistema cabeça-coração do aluno funciona em grande parte automaticamente, mas este livro quer mostrar o caminho para de novo fazer do coração um "músculo voluntário", propriedade que ele possuía outrora e da qual falaram os antigos, propriedade que será a do novo tipo humano.

II

No ápice do sistema cabeça-coração acha-se a faculdade pensante, o princípio diretor absoluto de toda a figura corpórea, de todo o aparelhamento orgânico. A sede principal do poder do pensamento situa-se no hemisfério cerebral direito. Chamamos igualmente a atenção do estudante sobre o poder da vontade, cuja sede principal situa-se no hemisfério cerebral esquerdo.

O coração é a sede da vida sentimental, tendo o esterno como centro de irradiação, ao passo que o cerebelo e a hipófise agem, em todo o sistema cabeça-coração, como transformadores e reostatos de todas as forças e tensões que se desenvolvem nesse sistema ou que são exercidas por ele. A reação bem conhecida da medula oblonga nas expressões da vida sentimental humana ilustra suficientemente a atividade desses últimos órgãos. Esse sistema inteiro é alimentado espiritualmente do exterior pela respiração e essa alimentação dá-se de dois modos: além do oxigênio e dos gases nobres necessários às funções orgânicas normais, a respiração faz penetrar no sistema um grande número de vibrações espirituais e etéricas. Essas vibrações são, em parte, misturadas ao sangue nos pulmões e introduzidas, assim, na circulação. Por outro lado, durante a inspiração elas penetram, através do etmóide, nas cavidades nasais, no interior do santuário da cabeça e, assim, influenciam diretamente os diferentes centros do cérebro.

Para o objetivo a que este livro se propõe, julgamos suficiente essa sóbria descrição da natureza e das funções primárias do sistema cabeça-coração.

III

Como o aluno vê, existem no sistema cabeça-coração três faculdades essenciais: pensar, querer e sentir. Essas três faculdades primárias podem ser empregadas pelo homem independentemente uma da outra. O homem pode pensar sem querer ou sentir; ele pode querer sem pensar ou sentir; ele pode sentir sem pensar nem querer. O criador divino de todas as coisas deu aos homens essa tríplice liberdade do triângulo de fogo, o trígono ígneo, a fim de que se desenvolvam, de maneira certa, os três aspectos do fogo. As três faculdades primárias do sistema cabeça-coração devem colaborar em perfeita igualdade, sem que um dos aspectos do triângulo predomine. Eis por que havia, no começo, uma completa liberdade funcional de cada um dos três aspectos.

Entretanto, na vida da natureza terrestre, já não se pode falar de um triângulo de fogo que arde harmoniosamente. Neste mundo manifestam-se três tipos de seres humanos: primeiramente, o tipo racional, baseando-se, antes de mais nada, no pensamento, o qual nada tem a ver, contudo, com a verdadeira sabedoria. Em segundo lugar, o tipo volitivo, que não está mais ligado à vontade pura; e finalmente, em terceiro lugar, o tipo denominado místico, que nada tem a ver com a verdadeira mística. Numa atividade do pensamento, a vontade e o sentimento estão sempre subordinados; numa atividade da vontade, são recalcados o pensamento e o sentimento; numa atividade do sentimento, pode-se dizer que o pensamento e a vontade, como fatores ativos livres, estão totalmente ausentes.

IV

Esse desequilíbrio do triângulo ocasiona uma degenerescência que conduz, finalmente, à supremacia da vida emocional, em conseqüência de uma submissão primária aos desejos. O homem da multidão – e quão poucos escapam a essa condição – está absolutamente encadeado à vida dos desejos, o que pode ser facilmente demonstrado.

Um determinado sentimento, cobiça ou desejo, desenvolve-se no coração e determina uma certa irradiação do esterno. Essa irradiação ou é ultravioleta, o que significa repulsiva e destruidora, ou é infravermelha, isto é, atrativa e construtora. Assim que essa dupla irradiação parte do esterno, a nuvem aural do homem, chamada a justo título de corpo de desejos, é perturbada de um certo modo. Alguma coisa é destruída, alguma coisa é atraída.

Ora, essa nuvem aural é, ao mesmo tempo, nosso campo de respiração, e pode-se dizer que um desejo persistente modifica nosso campo de respiração e que esse desejo determina a qualidade da substância vital astral que nós inalamos. Essa substância vital astral penetra tanto nas vias sangüíneas pelo oxigênio inalado por meio do sistema respiratório, quanto nos centros do cérebro, através do etmóide. O sangue banha todos os órgãos e as células dos nervos cranianos com a substância vital astral em questão e o organismo vital inteiro reage e fica assim ligado a um certo estado de ser.

Concluindo, podemos dizer que a qualidade do campo de respiração é determinada pelo desejo que a irradiação do esterno particulariza nesse campo. Além disso, as forças e vibrações astrais que procuram interferir junto aos homens só podem penetrar em sua esfera aural na medida em que essa esfera se harmoniza com o tipo e a natureza delas.

Finalmente, um certo desejo não só preparará o campo de respiração, ou esfera aural, de acordo com a sua natureza, mas pelo sangue manterá também em um certo estado de ser a figura corporal inteira, dominando assim o pensamento e a vontade e os subordinando a ela. O homem acabará por já não querer e pensar senão o que o desejo, a vida dos sentimentos, ordena.

Que o aluno veja claramente que se trata portanto, aqui, de um círculo degenerativo. No homem já não se pode falar, desde tempos imemoriais, de razão pura. Seu pensar tornou-se hipotético e especulativo; em conseqüência, a vida da vontade desceu a um nível muito baixo e tornou-se especulativa.

No estado original de pureza e santidade da vida humana, o poder do pensamento era capaz de apreender a razão divina absoluta e transmutá-la para si, em reações necessárias a certos momentos da vida. A vontade pura captava essas sugestões, dinamizando-as, enquanto o sentimento puro atraía para o interior do sistema as forças necessárias à ação e dele afastava o que podia estorvar. É evidente que isso devia conduzir a atividades libertadoras.

Agora o pensamento humano está desligado da sabedoria divina; a vontade e o sentimento são, por conseguinte, especulativos ao extremo, acarretando terríveis conseqüências. O homem enterra-se a si próprio, sempre mais profundamente, no abismo da natureza terrestre.

Os antigos sábios nos dizem que a "queda" está em relação estreita com todas essas coisas. Desde que o homem perdeu a ligação com a razão divina, ligação que se estabelecia diretamente e de primeira mão através do poder do pensamento, ele foi abandonado à vida experimental. Ele não caminhava mais "pela mão de Deus", mas na aventura. Pode-se dizer, pois, que a "queda" foi conseqüência do emprego experimental e especulativo das três funções primárias do sistema cabeça-coração. O homem violentou a si mesmo e perdeu a ligação com o Logos.

V

Este estado atual de degradação humana torna-se ainda mais grave quando se tem em conta o estado do sangue, com o qual o homem começa sua missão sobre a terra. A criança vem ao mundo trazendo consigo, como realidade em seu sangue, o lastro de seu próprio passado microcósmico e está, além disso, ainda pelo sangue, ligada a seus pais, seus ancestrais, sua raça.

A esfera aural que envolve a criança após o seu nascimento e sobre a qual, no curso dos anos, seu poder torna-se cada vez mais forte, é já, desde o primeiro momento de vida, um perfeito instrumento para as forças inferiores, e em parte, inacessível à pura luz divina, e ainda marcada pelo pecado dos séculos. É com razão, pois, que os antigos dogmáticos afirmavam do homem "que ele era concebido e nascido no pecado".

O aluno da Escola Espiritual jamais poderia imaginar que ele, como filho do homem desperto no tempo, vive, a partir desse instante, em uma prisão, em uma ilusão, e à medida que envelhece, a camisa-de-força vai se apertando e as mistificações tornam-se mais graves.

Pode-se afirmar como um axioma que todo homem da natureza terrestre vive, desde o seu nascimento, de suas tendências e da natureza especial de seu sangue; que ele nutre e prepara, dia a dia, sua esfera aural com essas tendências e com essa natureza do sangue, conservando, assim, o seu pensamento e a sua vontade cada vez mais prisioneiros do círculo degenerativo.

Já não é possível falar de um livre pensar: o pensamento se explica pelas tendências subconscientes da vida dos sentimentos, da vida dos desejos. Não há mais contato direto entre o espírito e o pensamento. O verdadeiro espírito não pode mais penetrar na esfera aural perturbada. O homem é um prisioneiro! E carregado de cadeias tilintantes, busca, suplica e luta pela libertação.

Mas, em que direção deve ele procurar? A quem dirigir as suas súplicas? Qual método aplicar em sua luta? Milhares de autoridades nos domínios religioso, filosófico e científico disputam a honra de "auxiliá-lo". A qualidade mais notável dessas autoridades é a de serem recíproca e extremamente divergentes.

Somente um valor fundamental, absoluto, irresistível, pode trazer a libertação. Tal valor deveria ser ligado por Deus ao pensamento e, sobre ele, a atividade da vontade humana, orientada positivamente, poderia se desdobrar, e pela vontade, por meio do esterno, a irradiação dos sentimentos poderia purificar a esfera aural e abrir a porta para uma ligação constante com a Luz.

Mas onde encontrar um valor fundamental semelhante, e como inflamar em Deus o homem agrilhoado? Não são todas as manifestações religiosas e os sistemas filosóficos preconizados no mundo por tantas autoridades como o "supra-sumo", do mesmo modo que muitas especulações e passatempos, como tantos homens já o descobriram? Quem garante ao prisioneiro que o caminho que ele é convidado a seguir não tornará mais precário ainda o seu estado, mais decepcionante sua ilusão, mais pesadas suas cadeias?

Há neste mundo homens que supõem possuir o que se chama o "conhecimento de primeira mão" e dizem: "Segui-me, porque eu sei!" Mas ninguém pode, quando é chegado o momento, responder a esse convite, porque o que um homem conhece de primeira mão não pode ser assimilado por outro, senão quando esse outro também possui esse mesmo conhecimento original. Por conseguinte, a escola esotérica cuja direção diz "Segui-me!", não pode mais ajudar o prisioneiro.

Após tudo isso, torna-se claro que nada dentro do terreno filosófico, religioso ou esotérico pode dar ao homem uma satisfação durável, que nada nem ninguém pode libertá-lo. Portanto, quanto menos o homem se consagrar às especulações espirituais, melhor será. Ninguém pode ajudá-lo, nem mesmo Deus pode fazer algo por ele. O homem somente pode ajudar a si mesmo através de uma total auto-revolução, por uma mudança absoluta, uma mudança fundamental.

Quando o prisioneiro toma consciência da miséria de sua vida e chega ao conhecimento de si mesmo, ele pode mudar, transformando sua descida em uma subida.

O método de auto-revolução que recomendamos aqui tem a grande vantagem de não estabelecer nenhuma norma religiosa ou filosófica; ele não quer nem vos explorar, nem certamente pôr-vos em contato com senhores e senhoras que dizem tudo saber tão bem, que não tereis nada mais que fazer, senão segui-los.

Fiéis à verdade, afirmamos, entretanto, que uma certa norma de vida religiosa ou filosófica deve, evidentemente, servir de base para um bem sucedido processo de mudança fundamental. Essa forma de vida não pode, entretanto, ser definida: ela é diferente para cada indivíduo. Os prisioneiros todos não devem ter em comum senão a idéia da miséria de suas vidas e do grande peso de suas cadeias.

VI

Há um aspecto importante sobre o qual todos os místicos e pesquisadores esotéricos concordam: todos eles procuram a libertação espiritual e estrutural. Os métodos podem ser muito diferentes, até contraditórios, entretanto a tendência, o impulso, a procura, são idênticos. Quer tomemos como exemplo o calvinista rigoroso ou o ocultista extremado, a identidade de seus esforços revela-se claramente.

Desde os primórdios dos tempos dialéticos essa tendência fundamental domina a humanidade; eis por que, quando examinamos com os olhos do espírito a história mística ou esotérica do mundo, vemos esse instinto básico ser o centro de toda pesquisa espiritual.

Ainda que se dê qualquer nome a essa pesquisa espiritual e seu esforço por alcançar eventual realização, ainda que a denominem renascimento, conversão, iluminação ou libertação, a fonte única é, não obstante, evidente. Isso é prova de algo fundamental inegável: que nenhum mortal está satisfeito com este mundo, seus sofrimentos e suas alegrias, seu bem e seu mal, suas orgias sanguinárias e seus desesperos sem nome; nem mesmo o mais ligado à natureza terrena. Há, pouco importa como, um violento e ardente desejo de libertação. É o que todos os agrilhoados têm em comum.

Através dos séculos, quantos joelhos dobrados, impelidos por esse desejo; quantas mãos juntas em súplica! Punhos se estenderam, em viva revolta; os esoteristas recitaram seus monótonos mantras inclinados sobre os incensários. Enormes multidões encheram templos e catedrais; na solidão das montanhas e cavernas viveram os ermitões, todos possuídos de um só e mesmo desejo. Quer tomeis o ocultista ou o calvinista, o teósofo ou o católico romano, o franco-maçom ou o livre-pensador, todo esse aglomerado heterogêneo tem alguma coisa em comum. Todos procuram a Luz, buscam a libertação, procuram Deus, procuram Jesus Cristo; eles procuram a sabedoria, a força e a beleza, ou qualquer nome que se lhes dê.

Não procuram todos do mesmo modo, seus resultados não são do mesmo valor, mas a fonte na qual eles se saciam, no mais profundo de seu ser, é sempre a mesma.

E a atenção do aluno é especialmente atraída para essa fonte, porque é aqui que se encontra o portal que conduz à mudança fundamental. Este livro pretende traduzir o lancinante anseio que vibra no espírito de milhares de pessoas.

Muitos admitirão que já encontraram o que procuravam, entretanto o autor deste livro, quanto a isso, não está assim tão seguro. Ele descobriu que a maior parte daqueles que dizem já ter alcançado o que procuravam e estão seguros de si mesmos vive em uma ilusão da qual despertará, cedo ou tarde, com uma fome de vida mais voraz que nunca.

Eis precisamente a dificuldade: tantos homens supõem ter achado a orientação a dar à sua vida e percorrem o oceano da vida, bandeira desfraldada, para rapidamente sofrer o naufrágio.

Assim tem sido sempre, através dos séculos. Foi assim quando Krishna percorreu a terra oferecendo o amor divino a uma geração desesperada. Muitos foram aqueles que, jubilosos, presumiram ter entrado em ligação com o filho adotivo de Govinda; contudo, isso foi uma ilusão, como os fatos o demonstraram. Pensai também na lenda de Hércules que, a nosso ver, tem uma base histórica. Ele é o herói que luta pela humanidade. Mas o clamor daqueles que supunham encontrar nele sua força silenciou rapidamente diante da realidade dos fatos.

E onde estão as escolas superlotadas de Pitágoras? Onde estão aqueles que acreditavam poder conquistar o mundo? Perdidos na ilusão do correr do tempo!

Ora, será diferente em nossa época entre aqueles que se dizem cristãos? Não haverá aí também o fanatismo e o conflito? Não haverá aí também intransigência e olhos abrasados de paixão dos dirigentes? Já houve época mais pagã que a nossa, na qual se tropeça a cada passo em casas de oração e na qual a classe eclesiástica conta com tão considerável número de membros?

Quando os homens contemplam a dura realidade, devem reconhecer que a humanidade não ultrapassou ainda esse estado de anseio primordial de Luz, aparentemente acalmado por numerosos narcóticos.

Ao aluno é agora aconselhado dedicar-se ao processo da mudança fundamental, baseando-se nesse anseio primordial, visto que unicamente esse desejo é verdadeiro e essencial. É-lhe proposto não fixar esse desejo neste ou naquele ensinamento, nesta ou naquela idéia.

Que disso ele não se desvie jamais, pois deve ter sempre em conta a possibilidade de que a verdade se tenha manifestado, de algum modo, neste mundo. Entretanto, o interesse não deve ser deslocado e não se deve tomar posição nem a favor e nem contra. Uma grande calma deve ser gerada e o desejo deve ser neutralizado; não de modo a recalcá-lo, mas de modo a não sentir nem afeição nem aversão, permanecendo continuamente vigilante, em observação objetiva.

Se o aluno puder viver assim por algum tempo, as três faculdades primárias do sistema cabeça-coração atingirão um certo apaziguamento; então, seu selvagem turbilhão natural é diminuído; a esfera aural cessa de ser perturbada e desnaturada por novas especulações; e o danificado poder analítico do pensamento, conferido a cada homem como uma espécie de razão, recebe, nessa calma, a possibilidade de se desligar dos hábitos, do sangue e das formações intelectuais. Ele se restabelece da pressão sob a qual teve sempre de trabalhar. O aluno se encontra no limiar da mudança fundamental.

VII

O aluno que consegue neutralizar seus desejos e mantê-los assim por tempo suficiente, evitando todo e qualquer tipo de especulação filosófica e metafísica, conquista, dentro dos limites de sua prisão estrutural, novamente a liberdade da faculdade mental. Essa faculdade escapa, assim, à prisão das tendências, da educação e do sangue. Resta agora ao aluno empreender uma luta heróica contra as tendências e os instintos de seu sangue que, sempre de novo, querem conduzi-lo à sua antiga vida. Que nessa fase ele rejeite toda autoridade tirânica, e que sobretudo aprenda, em todas as coisas, a esquecer sua própria personalidade.

Nada é mais salutar, importante e eficaz no caminho espiritual do que a renúncia total do eu. E em geral, não há nada que as pessoas receiem mais do que renunciar ao eu. A autoconservação na implacável realidade da existência terrestre está de tal forma fixada e estabelecida no sangue que, mesmo estando no caminho espiritual, elas querem fortalecer o eu, que sendo desta natureza, é transitório.

Se o leitor sério possui, talvez, o mesmo temor natural, mas deseja deixar seu eu se aquecer na luz do sol espiritual, que compreenda, pois, que o verdadeiro eu, a verdadeira personalidade, o homem real, não pode jamais ser eliminado. Mesmo que o desejasse. Trata-se precisamente de encontrar o verdadeiro eu.

É o eu desta natureza que, no processo da mudança fundamental, deve ser negado. Sendo o aluno bem sucedido nisso, algo da verdadeira liberdade põe-se a luzir no sistema microcósmico. O aluno transpõe o portal da mudança fundamental.

VIII

Tão logo o aluno tenha avançado suficientemente no processo esboçado acima, vemos uma modificação extraordinária efetuar-se na esfera aural. Essa esfera, que não está mais perpetuamente perturbada e violentada pelo sinistro jogo dos desejos, torna-se, em certos momentos, tão serena como a superfície de águas calmas. A neutralização da irradiação habitual do esterno alcança, em conseqüência, uma grande bênção, porque, mediante essa mudança das condições aurais, algo da luz cósmica de Cristo, que é onipresente, pode penetrar até o poder do pensamento acalmado, tranqüilo e em livre observação.

Como isso se produz? O aluno, graças ao que precede, pode compreender facilmente esse "toque". Quando as vibrações da Luz começam a tocar o campo de respiração, elas se comunicam ao sangue e são conduzidas pela circulação sangüínea, segundo o processo já descrito. Tendo-se em conta a possibilidade de que o sangue seja muito lento, muito espesso, muito maculado para servir de intermediário a esse santo toque – o que acontece freqüentemente – as vibrações que são, portanto, aceitas via etmóide, irão também influenciar a sede da faculdade do pensamento, que se acha no hemisfério cerebral direito.

Se o aluno, pela mudança fundamental, chega a desligar do sangue o poder do pensamento, Cristo o tocará diretamente, livre do sangue. O pensamento, como porta do espírito onisciente, começa a despertar, e a figura celeste tem a oportunidade de falar ao agrilhoado que, na alegria desse toque, não leva mais em conta as suas feridas. Todas as especulações sobre Cristo e todas as hipóteses metafísicas e históricas caem por terra. A Luz fala diretamente ao aluno que transpôs o portal da mudança fundamental.

Na solidão desse processo – Patmos – o pensamento recebe, enfim, depois de numerosos desvios e enganos, uma impressão de seu verdadeiro Senhor. O homem joanino encontra o homem celeste.

Se o aluno seguir por esse caminho, se ele viver esse processo de auto-revolução, "pela palavra de Deus e testemunho de Jesus Cristo", então o primeiro capítulo do Apocalipse é escrito para ele.

As Duas Iniciações Fundamentais

I

"Eu, João, irmão vosso e companheiro na tribulação, no reino e na perseverança em Jesus, achei-me na ilha chamada Patmos, por causa da palavra de Deus e do testemunho de Jesus.

Achei-me em espírito, no dia do Senhor, e ouvi por detrás de mim grande voz, como de trombeta, dizendo:

Eu sou o alfa e o omega, o primeiro e o último. O que vês escreve num livro e manda às sete igrejas (que estão na Ásia): Éfeso, Esmirna, Pérgamo, Tiatira, Sardes, Filadélfia e Laodicéia.

Voltei-me para ver quem falava comigo e, voltado, vi sete candeeiros de ouro, e, no meio dos candeeiros, um semelhante a filho de homem, com vestes talares, e cingido à altura do peito com uma cinta de ouro.

A sua cabeça e cabelos eram brancos como alva lã, como neve; os olhos, como chama de fogo; os pés semelhantes ao bronze polido, como que refinado numa fornalha; a voz como voz de muitas águas.

Tinha na mão direita sete estrelas, e da boca saía-lhe uma afiada espada de dois gumes. O seu rosto brilhava como o sol na sua força.

Quando o vi, caí a seus pés, como morto. Porém ele pôs sobre mim a sua mão direita, dizendo: Não temas; eu sou o primeiro e o último e aquele que vive;

estive morto, mas eis que estou vivo pelos séculos dos séculos e tenho as chaves da morte e do inferno.

Escreve, pois, as coisas que viste, e as que são, e as que hão de acontecer depois destas. Quanto ao mistério das sete estrelas que viste na minha mão direita, e os sete candeeiros de ouro, as sete estrelas são os anjos das sete igrejas e os sete candeeiros são as sete igrejas."

II

O que precede pôde fazer compreender ao leitor que o homem é prisioneiro de um círculo degenerativo. Seu pensamento e sua vontade são bloqueados pelo sentimento, pois as atividades emocionais irradiadas pelo esterno põem a esfera aural num certo estado que corresponde completamente à natureza e à qualidade das ações convencionais. Quando esse equilíbrio é atingido, podem entrar na esfera aural e ser admitidas e assimiladas pelo sistema somente as forças e as impressões que estão de acordo com o estado do total sistema de vida microcósmico.

E desejamos, além disso, frisar uma vez mais que essa esfera aural é, ao mesmo tempo, o campo de respiração; e visto que esse campo de respiração nutre o sangue, o sangue corresponde ao campo de respiração; o campo de respiração, à esfera aural; a esfera aural, às atividades emocionais; e as atividades do sentimento, da vontade e do pensamento correspondem ao sangue. Desse modo, a cadeia se fecha.

Esse círculo degenerativo tem, desde o princípio, ocasionado uma modificação dos órgãos e uma mudança total do ser, um declínio contínuo que se demonstra diariamente no mundo como um afastamento, cada vez mais funesto, em relação ao verdadeiro espírito, e que é mantido por uma atividade automático-subconsciente do corpo. E assim, o que o Criador concebeu para ser uma bênção preciosa converteu-se no seu oposto. Pensamos aqui na atividade automático-subconsciente do fígado. Se os homens, de segundo em segundo, em plena consciência, devessem controlar o santuário do coração e por meio deste o ser sangüíneo, através do pensamento, da vontade e do sentimento, ficariam logo extenuados e morreriam de esgotamento. Períodos de trabalho consciente devem, por conseqüência, alternar-se com períodos de repouso. Entretanto, é necessário que os diversos processos vitais continuem em ação durante esses momentos de repouso. Dessa forma, o equilíbrio entre a esfera aural e o ser sangüíneo deve ser preservado durante um período subseqüente de repouso, tal como o foi durante os últimos momentos da consciência ativa.

Ora, esse equilíbrio durante os períodos negativos de repouso ou de sono é assegurado pelo fígado. Graças à atividade desse órgão, o ser sangüíneo é mantido no automatismo da natureza microcósmica durante esses momentos em que a consciência não toma parte ativa nos processos vitais.

O fígado constitui larga porta para importantes correntes aurais no ser sangüíneo. Todo homem que leva em conta as normas de vida espiritual e moral sabe que tem de lutar contra as influências espirituais inferiores. Essa luta, que muitas vezes pode ser muito penosa e difícil, prova que a esfera aural é de uma qualidade tal, que está aberta a esses assaltos perigosos e que a sensibilidade cria situações bastante arriscadas. Muitas vezes o homem deve lutar energicamente para não descer abaixo de seu nível de vida.

Durante os períodos de sono, quando a consciência é negativa em relação à forma corporal, as influências e forças inferiores continuam evidentemente a assaltar o sistema. Elas penetram no campo de respiração e, pelos vasos sangüíneos, comunicam-se ao sangue envenenando-o continuamente.

Se esse processo de envenenamento prosseguisse sem interrupção, seguir-se-ia imediatamente uma terrível degradação no terreno espiritual e moral. Graças à atividade purificadora do fígado e suas subestruturas, e pela alimentação automática do sangue pela esfera aural, essas forças envenenadoras são eliminadas do sistema, a menos que o homem auto-responsável e consciente as retenha no corpo através do pensar, querer e sentir e as ligue ao ser sangüíneo.

Portanto, um comportamento de vida errado, tolo, impede a ação benéfica do funcionamento do fígado e a energia despendida inutilmente poderá vingar-se, ocasionando, entre outras coisas, a tão temida diabete.

III

Todavia, o círculo degenerativo tratado na seção anterior é um "círculo de giz". Ele pode ser transposto, rompido e transmutado em um círculo regenerativo. O aluno pode efetuar essa transmutação pela mudança fundamental.

A mencionada influência consciente exercida sobre a esfera aural pelas atividades emocionais especulativas e suas conseqüências já não ocorrerá e o candidato nada terá de levar em conta, senão o estado positivo da esfera aural e do ser sangüíneo mantidos em equilíbrio pelo trabalho do fígado.

É indispensável estudar minuciosamente a situação em que se acha o aluno no grande processo de transmutação da personalidade após a mudança fundamental inicial.

No segundo capítulo foi examinado o método pelo qual o homem que procura a libertação pode romper o circuito degenerativo e, graças ao aquietamento da esfera aural, receber no corpo mental, como de muito longe, e livre do sangue, uma impressão das forças da luz divina. Essa maravilhosa experiência é como um clarão de luz em uma prisão, mas certamente nada mais que isso. Após essa impressão, o aluno, conquanto tenha recebido a chave de sua libertação "da mão do Senhor", nem por isso deixa de ser ainda um prisioneiro, um agrilhoado.

As faltas mais graves e mais perigosas podem ser cometidas durante essa fase de desenvolvimento espiritual no mistério iniciático cristão da sagrada Rosacruz. Com efeito, pode existir a tendência de deixar a prisão por aquilo que ela é e de utilizar-se da manifestação de força-luz com a parte da personalidade que recebeu a impressão espiritual, a força-luz que se havia manifestado, dedicando-se a um sucedâneo de desenvolvimento espiritual, a *divisão da personalidade*. E um outro perigo, não menos real, é que o aluno, sob a influência espiritualizante desse primeiro toque da Luz, queira purificar seu calabouço e torná-lo habitável e aceitável para a vida superior. Isso é a *cultura da personalidade.*

Entretanto, o mistério iniciático da sagrada Rosacruz deseja fazer compreender com clareza a seus alunos que o primeiro maravilhoso toque do hierofante, após a mudança fundamental elementar, tem por objetivo colocar em suas mãos a chave que conduz ao homem celeste; que a velha natureza e as estruturas naturais terrestres devem perecer processualmente no fogo de um braseiro de amor, a fim de que um novo pássaro de fogo possa ressuscitar.

Ainda que, pela mudança fundamental, o aniquilamento do princípio do velho Adão seja um fato, e que o "círculo de giz" esteja eliminado, o processo de *transmutação de personalidade* deve ainda começar. E é indispensável, para esse fim, partir de um ponto de vista muito objetivo. Todo otimismo leviano torna-se, aqui, grande obstrução.

IV

A primeira pergunta do aluno que, após a mudança fundamental, se apóia na faculdade mental provinda do Espírito Santo e livre do sangue deve ser: "Como chegaremos a nos desligar da herança do sangue e de seus obscuros instintos?" Ele compreenderá claramente que, conquanto já não coloque o foco de seu desenvolvimento no passado e deseje, como Paulo, "ser revestido de seu manto celeste", ainda necessita inteiramente de sua velha personalidade para poder construir a nova.

A oposição do "velho Adão" deve ser vencida se ele não quiser recair em suas antigas especulações.

A impressão da luz recebida pela faculdade mental, possibilitada pela respiração através do etmóide e após a mudança fundamental, não significa ainda uma perfeita compreensão dessa impressão de luz por parte da faculdade mental.

A faculdade mental, do mesmo modo que a vontade e o sentimento e todos os outros aspectos da forma física, está fortemente danificada, degenerada e dependente de uma secreção interna dialética. Portanto, o aluno, dentro de suas possibilidades e sem desviar-se, aniquilará a oposição da velha personalidade a fim de permitir o nascimento da nova.

O homem traz em sua forma física, em sua alma e no sangue, uma herança de seus ancestrais e de seu próprio passado microcósmico. A isso ainda se acrescenta o resultado aural desta vida até o momento da mudança fundamental. Esses são os elementos que compõem a barreira que cerca os homens terrestres; são os muros de sua prisão.

Assim, o aluno se acha diante da herança de seu sangue; uma herança cujos aspectos ele não conhece, senão em parte, e da qual ele não tem, senão em parte, consciência. Ele não sabe o que jaz oculto nas profundezas tenebrosas de seu subconsciente. Daí sua pergunta: "Como chegaremos a nos desligar da herança do sangue e de seus obscuros instintos?"

O ponto notável, aqui, reside no fato de que, embora agrilhoado em seu cárcere, o aluno foi capaz de tomar decisões e de perseverar na mudança fundamental. Havia, em sua faculdade mental, um certo raio de ação, nascido das experiências e das dores da vida, que lhe permitia agir livremente, uma possibilidade limitada, livre do sangue. Essa liberdade nascida do sofrimento, outrora empregada para novas especulações no domínio do pensamento, da vontade e do sentimento, é agora empregada para compreender o que é sua prisão, mediante uma calma observação, sem dispêndio de energia.

O resultado obtido deve ser agora consolidado; a mudança fundamental deve tornar-se um estado de ser. Em resumo, uma base de trabalho totalmente nova deve ser estabelecida e aumentada.

Esse aprofundamento e consolidação da mudança fundamental efetuam-se graças a uma luta racional na sua vida. Toda espécie de tendências eleva-se do subconsciente; o passado inteiro fala ao aluno e quer lançá-lo em um número infinito de direções. Sua mente é perturbada por uma série de visões. O homem obtém uma apreciação sempre mais profunda de seu próprio passado sangüíneo; ele se torna sempre mais consciente das propriedades e características tenebrosas e imperfeitas. As máscaras de seu passado fitam-no, e os demônios de sua alma pecadora lançam-lhe no rosto seus miasmas envenenados. Ainda que a mudança fundamental lhe tenha aberto a porta da Luz, é certo que essa base de renovação o conduzirá, igualmente, a uma descida ao inferno.

Mas o jovem irmão deve lutar aqui como um valente herói. Sobre a base adquirida, ele pode e certamente resistirá a todos os assaltos e permanecerá vencedor, na firme certeza de que ninguém verá a aurora sem que antes tenha atravessado as provas da noite. Os assaltos descritos nada mais são que os sinais irrefutáveis das horas de agonia da vil natureza, provocados pela mudança fundamental. E, vencedor nessa luta, o candidato pode, sobre essa fortaleza que ele defendeu e conquistou, empreender o passo seguinte no processo de livre automaçonaria.

V

O aluno no caminho, pronto para o passo seguinte, após sua grandiosa vitória sobre o eu inferior, continua a perseverar em "tranqüila expectativa" sobre a linha horizontal. Ele fez cessar toda impaciência, impôs silêncio a todos os desejos do "eu", ou melhor, os desprezou. Não segue nenhuma autoridade, não se socorre de nenhuma fonte intelectual, nada procura sobre a linha horizontal, mas rememora continuamente a impressão de luz que recebeu, mas que não pôde ainda compreender.

Por conseguinte, ele eleva "seus olhos para os montes", segundo as palavras do Salmo 121: "Elevo os olhos para os montes: de onde me virá o socorro." Elevar os olhos para os montes não significa uma forma de oração popular, pois essa atividade envolve uma especulação sentimental. Na linguagem dos mistérios, isso quer dizer que o candidato, sem nenhuma especulação, sem nenhuma expectativa, sem pedir nada, eleva seu pensamento ao abstrato.

No vácuo da santa solidão, permanecendo na ilha de Patmos, isolado do mundo da natureza terrestre, tendo chegado a esse lugar após ter atravessado o tão agitado "mar acadêmico" da vida, o aluno espera a revelação. Ele não espera o conhecimento, mas a revelação, pois somente da revelação pode nascer um novo conhecimento que ultrapassa toda a razão dialética.

E a revelação vem! No momento psicológico de "seu dia do Senhor", quando o tempo chegou, o aluno encontra-se perante a visão mental de sua figura celeste que ele, sem forçar, despertou e invocou processualmente.

Essa figura celeste, semelhante ao Filho do Homem, vai agora assumir poder sobre ele e a ele se ligar. Ele já não poderá se enganar nem recair em novas especulações, e já não se poderá abusar dele em proveito de uma influência espiritual negativa, visto que "na tribulação, no reino e na perseverança em Jesus Cristo", ele é participante perfeito e irmão daqueles que aspiram a Cristo, e se dirigiu para sua Patmos, pela mudança fundamental, "por causa da palavra de Deus e do testemunho de Jesus Cristo". Isso significa que o aluno se aproximou do mistério iniciático cristão da sagrada Rosacruz levado pela miséria e pelo sofrimento desta natureza, por causa do terrível destino do homem da massa nessas regiões de trevas, aspirando à salvação, à bondade, à verdade e à justiça de uma nova era que ele busca a cada alento, livre da história e de toda a autoridade.

Essa é a marca de um aluno que espera um Cristo vivo como o portador da chave do segredo da vida, da morte e do inferno, e isso com base em um testemunho não tomado de um texto ou de um escrito místico, mas nascido da mudança fundamental.

VI

Por ocasião de seu contato visual-mental com sua figura celeste, o Espírito Santo Sétuplo convida-o a passar a uma criação inteiramente nova, referente à libertação do botão-de-rosa do corpo terrestre, transferindo os centros de consciência desse corpo terrestre para o corpo celeste. É um processo de intercâmbio, de morte e de vida, de demolição e de renovação, processo esse que deve ser visto, quando se produz a primeira ligação entre o corpo celeste e o corpo terrestre, como um enfraquecimento gradualmente controlado da natureza terrestre e um despertar harmonioso da natureza celeste.

Essa morte e esse nascimento estruturais, chamados de mistérios iniciáticos, têm três vezes sete, ou seja, vinte e um aspectos. Referimo-nos a eles como os três círculos sétuplos. Cada círculo apresenta sete aspectos, estabelece sete poderes e coloca o aluno em sete campos diferentes de trabalho. Um candelabro sétuplo queima para o aluno em cada círculo; sete princípios ígneos aí lhe são transmitidos, os quais se encontram diante dele como sete anjos testemunhando sete igrejas.

A palavra "igreja" deve ser compreendida na linguagem dos mistérios como um campo de trabalho mais elevado destinado a entidades que aí são preparadas. As sugestões, forças e possibilidades para esse campo de trabalho superior são postas à disposição daqueles que têm fome de espírito e que, pela mudança fundamental e pelo esforço correto e perseverante, tornaram-se aptos.

Esse princípio da elevada esfera de atividade que, como um anjo, é colocado no aluno pelo Espírito Santo, deve agora efetuar um certo processo regenerador. Esse processo de desenvolvimento somente pode começar e continuar com sucesso quando o aluno, em sua vida consciente, livre, vê, desde sua própria consciência, os candelabros, compreende seus anjos flamejantes e, graças a seus ensinamentos e às suas forças luminosas, dá combate a si mesmo até em seus núcleos vitais, seu próprio ser inferior, que deve desaparecer, elevando assim o ser celeste luminoso. É por isso que o aluno deve, ele mesmo, escrever "as cartas" às sete igrejas.

É assim que o novo sol se levanta na vida do candidato. O João da antiga natureza "cai como morto aos seus pés", o que quer dizer que o candidato está pronto para seguir o caminho que lhe será indicado pela Luz. O Sol apareceu e, a partir desse instante, a vida é transformada; o homem celeste, semelhante ao Filho do Homem, penetrou no interior da esfera aural, o Cristo voltou e surgiu nas nuvens aurais do aluno. Este o vê, se bem que ainda não seja "dele". A primeira iniciação fundamental do primeiro círculo sétuplo tornou-se uma realidade.

E, perante o aluno, fundamentalmente morto para a natureza, estão agora os sete candelabros de ouro e seu flamejante testemunho. Eles lhe transmitem sua missão de primeira mão e diretamente. O Espírito Santo Sétuplo se declara à consciência individual, o Espírito que vai dar testemunho de Cristo e que agora realizará, com o aluno e por seu intermédio, o processo de renovação. "Escreve as coisas que viste", age, trabalha e constrói!

A segunda iniciação fundamental do primeiro círculo sétuplo alcançou uma gloriosa realização. O despertar soou; o trabalho direto da livre-maçonaria começa.

Post Scriptum

Que todos os leitores e os estudiosos deste trabalho que puderam sentir interesse pelo método de desenvolvimento espiritual aqui detalhado jamais desprezem uma imprescindível advertência: não se pode aplicar com êxito a mudança fundamental senão pela compreensão profunda de saber-se chamado, finalmente, à realeza do corpo celeste. Esse chamado só pode ser o resultado de dor e sofrimento da alma e, com base nisso, o aluno "eleva os olhos para os montes".

Se, todavia, alguém quiser romper o círculo degenerativo por um frio cálculo racional, experimental, por uma curiosidade ambiciosa, ligar-se-á indubitavelmente a impressões pseudo-espirituais, mas certamente nunca à força redentora "dos montes" e "do único Senhor".

Desenvolver-se-á nele uma influência puramente negativa, obcecante, que conduzirá a estados absolutamente indesejáveis.

A Iniciação de Mercúrio do Primeiro Círculo Sétuplo

I

"Ao anjo da igreja de Éfeso escreve: Estas coisas diz aquele que conserva na mão direita as sete estrelas, e que anda no meio dos sete candeeiros de ouro:

Conheço as tuas obras, assim o teu labor, como a tua perseverança, e que não podes suportar homens maus, e que puseste à prova os que a si mesmos se declaram apóstolos e não o são, e os achaste mentirosos;

E tens perseverança e suportaste provas por causa do meu nome, e não te deixaste esmorecer.

Tenho, porém, contra ti que abandonaste o teu primeiro amor.

Lembra-te, pois, de onde caíste, arrepende-te, e volta à prática das primeiras obras; e se não, venho a ti e moverei do seu lugar o teu candeeiro, caso não te arrependas.

Tens, contudo, a teu favor, que odeias as obras dos nicolaítas, as quais eu também odeio.

Quem tem ouvidos ouça o que o Espírito diz às igrejas. Ao vencedor, dar-lhe-ei que se alimente da árvore da vida, que se encontra no paraíso de Deus."

II

As duas primeiras iniciações fundamentais deram ao homem encarcerado um poderoso impulso para um desenvolvimento espiritual ulterior. Prometeu ainda não foi desagrilhoado, mas a libertação está próxima e se ele a deseja, tem-na à mão. O Sol irrompeu através das obstruções da esfera aural e do ser sangüíneo inferior, e o Cristo pessoal, sob a aparência do homem celeste, ergue-se diante do aluno.

Ele ainda não está nele, Ele ainda não é dele, mas já apareceu na atmosfera aural, nas nuvens do céu microcósmico. Desde esse instante o aluno está diante do julgamento, o que significa que o ser dialético inferior terrestre deve ser aniquilado a fim de que o homem celeste possa habitar no sistema microcósmico. A transmutação da personalidade deverá ser total.

A fim de conduzir com êxito esse processo de julgamento, o aluno precisa dispor de uma vitalidade e de um poder que não podem ser encontrados na personalidade inferior. Eles lhe são concedidos pelo Espírito Santo Sétuplo que, como sete candelabros de ouro, acompanha o homem celeste, que é uno com a personalidade celeste. Do mesmo modo que o Cristo não pode eleger sua morada no ser dialético do homem, assim também o Espírito Santo não pode habitar o microcosmo. Eis por que o aluno recebe a missão de executar o processo de julgamento na força daquilo que lhe é revelado em Cristo pelo Espírito Santo.

Conseqüentemente, a primeira iniciação fundamental, o primeiro candelabro do primeiro círculo sétuplo, coloca o candidato diante do luminoso plano de Deus em relação a ele, como homem.

A segunda iniciação fundamental, o segundo candelabro do primeiro círculo sétuplo, confere-lhe a missão e torna-o capaz de iniciar o grande julgamento, o processo de regeneração, a transmutação da personalidade, a fim de que um dia seu desenvolvimento possa, de novo, estar em equilíbrio com o desígnio e a natureza do Criador.

Assim preparado, o aluno então reflete sobre a terceira iniciação do primeiro círculo sétuplo, a iniciação de Mercúrio.

III

O novo Sol, que com a sua força sétupla ilumina agora o campo de vida do aluno, se orienta, de início, no sentido do aspecto superior da figura corporal, a saber, a faculdade pensante. E é devido a isso que falamos de Mercúrio, o mensageiro dos deuses que, segundo a antiga sabedoria, sempre esteve associado à mente, tanto em sentido natural como em sentido espiritual.

Assim, podemos testemunhar de um velho e de um novo Mercúrio: o Mercúrio da natureza terrestre e o Mercúrio vindouro do homem celeste. Torna-se claro que, à medida que o novo mensageiro dos deuses se une ao ser do aluno, o velho deve ser aniquilado a fim de que o novo possa crescer e se manifestar.

O regente do pensamento terrestre controla certos centros cerebrais e vários outros órgãos e sentidos muito importantes, tais como os nervos, todo o sistema respiratório, cada percepção sensorial, o fluido nervoso e o sistema cérebro-espinal. Eis por que se compreende muito bem que, em conseqüência do desaparecimento do velho Mercúrio, a entrada para a nova vida abre-se de par em par e que o novo Mercúrio suscita uma tal mudança que é impossível fazer uma idéia justa da sua extensão.

Logo que o novo mensageiro dos deuses começa a falar ao aluno, desenvolve-se, na realidade, aquilo a que muitos poetas e pensadores já se referiram: dois seres se confrontam, duas vozes falam no campo de vida microcósmico do candidato. O candelabro flamejante de Mercúrio coloca-se diante do homem terrestre, uma luz o toca, convidando-o a uma luta, cujo resultado está previamente fixado: a velha natureza e seus dirigentes não poderão herdar o novo reino, a nova natureza.

IV

A iniciação de Mercúrio é como o galgar de uma montanha. No Velho Testamento essa iniciação é designada como galgar o Monte Nebo, que é Mercúrio. Lemos em Deuteronômio, capítulo 34, versículo 1, o seguinte: "Então subiu Moisés ao Monte Nebo; e o Senhor lhe mostrou toda a terra de Gileade até Dan". Torna-se claro, com a continuação da história, que se tornou impossível ao velho Moisés ingressar na terra prometida. Deus o arrebatou e a Josué é que foi dado penetrar nas regiões prometidas. Moisés conduziu seu povo para fora do inferno da tenebrosa vida terrestre e Josué foi o guia incumbido de conduzi-lo para dentro da nova terra. Ambos os processos ocorreram sob a direção divina.

O Novo Testamento principia com a mesma idéia, pela mesma iniciação. Aí também encontramos duas figuras: João, o Batista, e Jesus, um diante do outro. João, o precursor, e Jesus, o realizador. O homem terrestre que, na força de Cristo, vai até o extremo de suas possibilidades ao encontro da Luz, para desaparecer em seguida, coloca sua cabeça no cepo a fim de poder libertar o homem celeste.

Desde que o aluno tenha galgado o monte Nebo, descobre "toda a região de Gileade a Dan", o que quer dizer que ele aprende o testemunho e a lei da nova vida e vai, legítima e processualmente, romper com a vida antiga.

Assim, o novo Mercúrio não significa simplesmente um portador de luz, um candelabro que o aluno só teria que colocar no interior de seu sistema; não, trata-se aqui, ao mesmo tempo, de um julgamento, da aplicação de uma sentença, de uma luta dramática. Uma terra prometida, onde reside glória e salvação, é alcançada; porém, é mister agora acertar as contas definitivamente com a velha terra.

Ser iniciado não é absolutamente o que certos escritores de romances ocultos deram a entender: um elevar-se à semelhança de vôo de pássaro. Trata-se, porém, de uma luta amarga. O cálice deve ser esvaziado até a última gota antes de se pronunciar: "Tudo está consumado".

V

A astrologia exotérica ensina que Mercúrio não dispõe de voz própria, mas que é simplesmente o mensageiro, no sentido de portador de cartas, nada mais. O aluno deve, entretanto, chegar a perceber que o novo Mercúrio traz ao homem que para tanto se tornou enobrecido a mais rica plenitude da revelação divina, no mais amplo sentido da palavra.

Quando esse mensageiro começa a falar, ele declara: "Eis o que diz aquele que conserva na mão direita as sete estrelas, e que anda no meio dos sete candeeiros de ouro". Em outras palavras, a mais elevada sabedoria deseja manifestar-se em toda sua grandeza. Trata-se aqui da revelação, do nascimento da nova faculdade do pensamento. Parte da figura celeste está regenerada e penetra na sua contraparte do velho homem.

Uma das mais admiráveis conseqüências disso é a revelação do famoso conhecimento de primeira mão, o acesso direto à doutrina universal. Essa iniciação não é conferida por um Mestre ou um Irmão Maior, porém trata-se de um processo de conquista, de conquista de "baixo para cima", uma herança que aguarda cada aluno. Isso não implica que sejam excluídas, no decorrer de todos os "altos e baixos" desse processo, a ajuda e a colaboração de terceiros, eventualmente muito sublimes; mas insistimos expressamente no fato de que a condição fundamental para a iniciação é sempre a livre automaçonaria.

É nesse sentido que o aluno deve compreender as palavras bem conhecidas do Sermão da Montanha

"Procurai e achareis; batei e abrir-se-vos-á". O auxílio que nesse processo poderia ser dado por sublimes terceiros será sempre impessoal.

Ter acesso à doutrina universal significa: estar novamente ligado ao ser absoluto de Deus, possuir o conhecimento absoluto que está junto de Deus e é de Deus, de acordo com o estado de ser pessoal de cada um. O aluno que tem acesso a essa doutrina universal poderá compreender o plano divino relacionado com o mundo e com a humanidade, diretamente e sem intermediários; ele poderá ler na memória da natureza tanto o passado quanto o futuro. Mercúrio, o mensageiro da Luz, o anjo que se acha diante de Deus, transmite-lhe essa sabedoria sublime e universal.

Aquele que possui um tal conhecimento é, em toda a acepção da palavra, um "iniciado solar", do qual os antigos já fizeram menção. Aquele que penetra, desse modo, na santa luz solar, assimilando-a e utilizando-a, deve morrer consoante a natureza, como nos foi relatado sobre Moisés e sobre João, o Batista.

Quando a terra prometida está à vista chega o fim para o homem terrestre. É dessa forma que devemos, igualmente, interpretar as narrativas transmitidas sobre Sócrates e o imperador Juliano. Conta-se de ambos que revelaram parte da sabedoria solar ao público profano e por isso deviam morrer; conseqüentemente, o imperador continua a viver na História, como Juliano, o Apóstata.

É nossa opinião que nem Sócrates nem Juliano morreram pelo motivo citado. Morreram apenas segundo sua velha natureza; sua antiga tenda adâmica foi destruída porque o homem celeste havia nascido e se colocado a serviço da Luz, aceitando todas as conseqüências daí decorrentes.

Se o aluno tentasse conservar a menor parcela do velho ser quando o novo Mercúrio aparecesse, o mensageiro do Logos Solar desapareceria para não voltar.

VI

A fim de assegurar agora essa morte do velho homem – tornada necessária, visto que a sabedoria solar deseja aproximar-se do aluno – o anjo do candelabro de Mercúrio, segundo a linguagem sagrada do Apocalipse, escreve uma carta aos habitantes de Éfeso, isto é, aos habitantes da região limítrofe.

"Ser habitante da região limítrofe" significa, na linguagem dos mistérios, haver atingido o extremo limite possível da cultura da consciência na natureza terrestre. O aluno, após um longo e profundo caminho de dores, de sacrifício e após a mudança fundamental, atinge o momento do toque divino. Eis por que a carta assim principia:

"Conheço as tuas obras, assim o teu labor como a tua perseverança (...) e suportaste provas por causa do meu nome, e não te deixaste esmorecer. Tenho, porém, contra ti que abandonaste o teu primeiro amor".

O homem caiu da ordem divina e é admitido, "com um sorvo de esquecimento", no campo de vida dialético, prisioneiro dos véus da ignorância, agrilhoado à "tríplice cadeia". O Mercúrio do Adão decaído está ligado a autoridades e especulações; ele se degenerou a ponto de não ser mais que o deus do comércio, dos negociantes e dos ladrões.

"A luz da razão" é profanada pelo homem; o raio do Mercúrio da natureza adestra o homem na luta da vida inferior. As amargas conseqüências são claramente visíveis na história do mundo. Essa foi a causa da queda do grande império babilônico. "Nebo foi submetido", assim testemunha Isaías.

O aluno deve, do mais íntimo do seu ser, examinar até que ponto profanou, por ninharias e coisas terrestres, o dom divino da razão e da reflexão da luz – o quanto submeteu Nebo. Ele deve deduzir de sua própria realidade até que ponto caiu, e essa realidade deve incitá-lo a praticar novamente "as primeiras obras", ou então enfrentar o "eu moverei do seu lugar o teu candeeiro".

Existe no ser do aluno uma grande possibilidade de corresponder a essa exigência, isto é, que "ele odeia as obras dos nicolaítas". Os nicolaítas são os homens e os grupos de homens que se perderam pelo "aviltamento" da razão, os quais, pelas suas obras retêm prisioneira toda a humanidade e, atraindo-a com seus tentáculos materialistas e ateus, a mergulharam na desgraça. Esses são os homens que abusam das religiões e de todos os outros valores humanos tendo em vista os seus interesses, ocasionando assim um oceano de misérias sociais, políticas e econômicas. Na antigüidade, parece ter havido também uma seita de nicolaítas que, sob o manto do cristianismo, cometeu toda sorte de crimes hediondos.

A citação "Tens, contudo, a teu favor, que odeias as obras dos nicolaítas, as quais eu também odeio" alude à característica do aluno apto e qualificado. Certamente não está apto para o aprendizado do mistério iniciático cristão o homem que aceita e concretiza todas as instigações do Mercúrio inferior neste mundo, com suas conseqüências, como sendo normais, e que sob o pretexto de força maior come da manjedoura da natureza, e a quem toda a injustiça do mundo não impede de dormir tranqüilamente. Apenas aqueles que ardem de indignação, que abominam tudo quanto seja maléfico e impuro, com indício de aversão ardente, dão provas de uma aptidão elementar.

Nesse estado, o importante é "ouvir e entender o que o Espírito diz às igrejas", ou seja, agir e viver na base dessa aptidão elementar, visto tratar-se do nascimento do novo Mercúrio. O aluno que experimenta repulsão pela natureza degenerada é agora compelido a aceitar as conseqüências do toque da Luz. É o problema que, num dado momento, apresenta-se ao candidato, problema esse que cada aluno chamado deverá resolver por si mesmo. Aquele que vê o verdadeiro caminho deposita na fogueira, cheio de alegria, seu velho eu. Todas as dificuldades se resolvem quando o candidato cumpre todas as exigências da lei, e a gloriosa recompensa é certa.

Ele comerá da árvore da vida que está no meio do paraíso de Deus. O conhecimento absoluto e universal, que está junto de Deus e é de Deus, torna-se seu. A faculdade do pensamento do homem celeste nasceu.

O aluno galgou o monte Nebo. A iniciação de Mercúrio do primeiro círculo sétuplo tornou-se um fato.

A Iniciação de Vênus do Primeiro Círculo Sétuplo

I

"E ao anjo da igreja que está em Esmirna escreve: Isto diz o primeiro e o último, aquele que foi morto e tornou a viver;

Conheço a tua tribulação, a tua pobreza, mas tu és rico, e a blasfêmia dos que a si mesmos se declaram judeus, e não são, sendo antes sinagoga de Satanás.

Não temas as coisas que tens de sofrer. Eis que o diabo está para lançar em prisão alguns dentre vós, para serdes postos à prova, e tereis tribulação de dez dias. Sê fiel até à morte, e dar-te-ei a coroa da vida.

Quem tem ouvidos, ouça o que o Espírito diz às igrejas. O vencedor de nenhum modo sofrerá dano da segunda morte."

II

Quando o novo corpo mental começa a irradiar na vida do aluno, tudo muda na sua esfera de ação. Ele começa, com efeito, a testemunhar da nova realidade, na qual vive, da qual faz parte: a realidade da ordem divina. Todo o seu ser está dirigido para o estabelecimento da justiça divina no tempo; ele se torna, em um duplo sentido, um mensageiro da Luz.

O aluno deve compreender bem esse comportamento. O iniciado de Mercúrio não se coloca a serviço de seu próprio "eu" da natureza, tampouco tem interesse pelo "eu" dos outros. E sua piedade já não se estende ao sofrimento geral desse "eu" no mundo da natureza inferior.

Na ordem dialética atuam dois Mercúrios: o Mercúrio material e o Mercúrio ético. A atividade do Mercúrio material está clara e já falamos dela no capítulo precedente: ele está a serviço da auto-afirmação.

Não devemos nos enganar, entretanto, no que concerne ao Mercúrio ético. Ele se ocupa em tratar e curar as feridas da dialética. É humanitarista e, conseqüentemente, não liberta o mundo. Ele é como uma organização do tipo da Cruz Vermelha, que tenta fazer desaparecer os efeitos das guerras, executando, nesse sentido, um trabalho magnífico sem, todavia, atacar a raiz do mal, a causa das guerras. A miséria dos tempos presentes pode, por exemplo, impelir o homem a conceber e a realizar trabalhos de paz, a tentar estabelecer um equilíbrio nesta ordem de natureza fundamentalmente antidivina. E quem faria objeções? A atividade do Mercúrio ético resulta do sofrimento do "eu" na natureza; essa atividade é acompanhada de certo amor ao próximo, certa compaixão para com o sofrimento do "eu" do mundo. Ela decorre igualmente da tendência de proteger a si próprio e a outrem contra as conseqüências desse sofrimento.

Em todos os tempos a miséria não nasce somente da confusão no terreno político, social e econômico, da desordem na produção e da caricatura da religiosidade. Em todos os tempos a miséria resulta das conseqüências de uma ordem de natureza fundamentalmente antidivina, na qual a humanidade está submersa. E nenhuma nova ordem social poderá trazer a essa miséria uma mudança essencial, como não o pode um sanatório, ou um remédio contra o câncer.

O novo Mercúrio está harmonizado com um mundo que não é deste mundo, com um plano que não pode ser ajustado às normas da dialética; ele se harmoniza com um mundo superior que, em nossa ordem de natureza, é considerado como tolice. Não há, portanto, nenhum sentido em "odiar as obras dos nicolaítas" sem esse novo Mercúrio. Esse ódio estéril não traz nenhuma mudança fundamental para o campo de vida humana. O Mercúrio ético é muito humanitário, cheio de qualidades, mas o homem continua, com todas as suas panacéias, preso à matéria e às leis deste campo de vida. Na melhor das hipóteses, o homem é um habitante de Éfeso, um habitante da região do limite; alguém que, após luta intensa, se elevou até os extremos limites da bondade possíveis nesta ordem de natureza.

É bem mais fácil, aliás, operar com o Mercúrio ético do que com o novo Mercúrio, o mensageiro dos deuses, pois a maior parte da humanidade compreenderá facilmente a atividade do primeiro e, por conseqüência, o apreciará. Quando um homem dedica todos os seus esforços à construção de um novo hospital e, para esse fim, prepara e faz grandes projetos, será compreendido, agradecido e reverenciado; e com justa razão, pois essas instituições realmente são necessárias. Entretanto, esse lugar de misericórdia não seria apenas um emplastro sobre as feridas da civilização? Se todos os países e todas as cidades tivessem hospitais perfeitamente organizados, seriam o mundo e a humanidade salvos por isso?

O iniciado do novo Mercúrio, portanto, vê um novo céu e uma nova terra. É disso que ele vai dar testemunho, e é isso que ele quer estabelecer. Portanto, ele se torna, evidentemente, um estrangeiro no mundo. Ele não é nem venerado, nem amado, nem compreendido. Ao contrário, muitas vezes ele será perseguido e difamado quando quiser apresentar a este mundo as leis do verdadeiro reino, que podem ir tão veementemente contra "aquilo a que se está habituado". Eis por que sua ação provoca sempre uma reação das forças das trevas que mantêm o mundo em suas cadeias. Sua ação desencadeia um caminho de sofrimentos para si mesmo. Não os sofrimentos do "eu", mas os do ser impessoal; sofrimentos que não são compreendidos segundo a dialética, mas produzidos pelo sacrifício do sangue na cruz.

O sofrimento do Mercúrio ético consiste em que seu humanitarismo não pode salvar o mundo; e o desengano dessa idéia errônea significa a cruz da natureza; ela coloca a prisão dentro da natureza.

Todavia, o sofrimento do novo Mercúrio nasce do fato de – em total auto-sacrifício e impelido pelo "primeiro amor" – ser feita uma tentativa de desligar o homem deste mundo. É a cruz de Jesus Cristo!

III

Nesse estado de desenvolvimento, o aluno dos mistérios da iniciação cristã deve levar em conta um fato muito atual, já tratado no capítulo precedente, e que deve ser de novo esclarecido, à luz da realidade.

Em verdade, a iniciação de Mercúrio coloca o aluno diante de problemas estranhos. Quando o novo corpo mental nasce e exerce seu poder no interior da esfera aural do candidato, este tem assim, à sua disposição, um conhecimento direto, mas isso não significa que o velho poder do pensamento esteja liquidado.

É recomendado ao aluno empreender esse processo de liquidação o mais rápido possível a fim de evitar que o candelabro de Mercúrio seja novamente arrebatado. Durante o processo de mudança fundamental, ele aprende a ver seu pensamento dialético de maneira objetiva, "elevando os olhos para os montes" e consegue, enfim, subir o monte Nebo. Contudo, seu pensamento dialético ainda está presente, se bem que em fase de liquidação. E, após o nascimento do novo pensamento, desencadeia-se uma luta em que o aluno muitas vezes é vitimado pelas maiores mistificações. O afluir da nova sabedoria acarreta problemas e reações. O novo toque impele-o a testemunhar, e ele o faz; não pode deixar de fazê-lo. Mas, ele descobre que "ainda está incompleto" e que não pode começar a executar sua tarefa, como tanto o desejaria fazer. Sua armadura está ainda incompleta.

A causa disso é que o iniciado do Sol ainda não morreu em relação ao velho pensamento. Somente após esse morrer é que as mais importantes barreiras cairão e que o candidato poderá abrir seu ser à quarta iniciação do primeiro círculo sétuplo: a iniciação de Vênus. Essa ampliação da consciência o conduzirá a uma maior plenitude.

Para realizar sua tarefa da cabeça, do coração e das mãos, o aluno deve dispor de uma fonte interior de intenso amor aos homens, um amor tão grande e tão perfeito que não pode ser compreendido nem correspondido pelos homens da natureza inferior. Com essa força de amor o trabalho deve ser sustentado e realizado.

Possuir à sua disposição essa força, que nunca diminui e renova a si mesma, é designado pela noção Vênus.

IV

Na filosofia oculta, Vênus tem sido sempre chamada um grande mistério e, sem dúvida, a nova Vênus está também envolta em segredo. Vamos, pois, tentar fazer compreender esse segredo da quarta iniciação da sétupla cadeia solar.

Vênus é um símbolo feminino e na astrologia ela é a regente de Touro e de Libra, o que quer dizer que Vênus reina e vela sobre um magnífico tesouro (Touro), e os tesouros que aí estão acumulados devem, segundo o princípio de eqüidade divina (Libra), ser transmitidos de maneira justa à humanidade.

A iniciação de Mercúrio inflamou o novo pensamento; a iniciação de Vênus revela o novo ser-sentimento, a saber, um sentimento baseado em uma razão superior. A iniciação de Mercúrio originou a renovação do santuário da cabeça; a iniciação de Vênus velará pela renovação do santuário do coração. Mercúrio é de aspecto masculino (a cabeça), enquanto Vênus desenvolve o aspecto feminino (o coração).

Logo que essas duas iniciações se tornam um fato na vida do aluno, vemos que dois sólidos pilares são erigidos a serviço do novo templo humano, a serviço dos dois santuários desse templo, o santo (Mercúrio) e o santo dos santos (Vênus), ou melhor, a sabedoria divina que pode ser manifestada como força de amor.

Em todas as antigas religiões, o santo dos santos era consagrado a Vênus e designado sob o nome de *adytum*. No *adytum* havia uma arca ou sarcófago como símbolo da matriz da natureza divina, o regaço da ressurreição, a casta possibilidade do nascimento de uma elevada e maravilhosa força. No correspondente santuário do templo humano, vemos a arca como sendo o símbolo do timo, o qual desempenha extraordinário papel na atividade irradiante do esterno.

Nos santuários dos templos exteriores, a arca muitas vezes tinha a forma de um barco, graças ao qual podia-se navegar sobre o mar agitado da natureza inferior a fim de escapar das catástrofes de um mundo pecador. Pensai a esse respeito na arca de Noé, que exprime a mesma idéia. A sabedoria divina (Mercúrio) tocou o aluno e a força divina vai agora torná-lo apto para manifestar essa sabedoria entre os homens. Essa é Vênus!

Tão logo a Luz seja recebida no monte Nebo e o aluno tenha esvaziado o santuário da cabeça (o santo), segundo a natureza, Deus vai encontrá-lo corporalmente no santuário do coração (o santo dos santos). Da "arca" eleva-se uma nova Vênus como grande força de amor, e ela acompanha o mensageiro dos deuses em suas longínquas viagens através do campo de vida terrestre.

Diz-se, com razão, que Vênus também representa o amor terrestre; esse amor, porém, não é compreendido. Ele é corrompido, profanado, desvirtuado.

A força do amor da nova Vênus é uma grande força mágica. Quando o novo Mercúrio cumpre sua missão, o timo irradia, tal como uma jóia cintilante, uma intensa força sétupla mágica, na qualidade de sede central do santo dos santos, cujo véu foi rasgado pelo toque de luz da quarta iniciação. E aquele que é tocado por essa irradiação sétupla reage para uma ressurreição ou para uma queda. Nenhum mortal escapa disso. É a força divina transmutada no novo homem, dirigindo-se em seguida para a humanidade, em amor servidor.

Os antigos sempre conheceram esse trabalho de Vênus, porém o culto a Vênus degenerou, na vida inferior, em culto ao falo. Assim como a maior parte da humanidade tornou-se prisioneira da força de amor da natureza inferior pelo culto idólatra à Vênus inferior, do mesmo modo, pela força-amor da nova Vênus, aquele que é suscetível a essa força despertará para a vida superior.

Esse trabalho é pesado e penoso, mas, mesmo assim, para realizá-lo o aluno tem de beber o cálice da amargura, pertencendo assim à comunidade de Esmirna; e conquanto o poder das trevas continuamente lhe torne o trabalho quase impossível, as estagnações são apenas aparentes.

O resultado desse trabalho não é, como na dialética, uma queda no nada, um perpétuo subir, brilhar e descer, porém, graças à ação da nova Vênus, os resultados tornam-se reais e o trabalho pode, sempre com mais força, ser continuado.

O aluno que vive e age fundamentado nessas duas iniciações é imensamente rico. É verdade que ele bebe o cálice da amargura (Esmirna), porém sua prova nunca durará mais que “dez dias”, o que significa que o trabalho, começando no verdadeiro espírito e com a verdadeira força, é um processo que sempre termina com a vitória.

O verdadeiro trabalho a serviço da Luz nunca é uma fonte contínua de sofrimento e de tristeza, porém, uma vez começado, propiciará satisfação, atingirá a sua plenitude. Tendo partido da Luz, ele retornará à Luz, levando sua colheita. Esse é o significado do número "dez".

V

Na terceira iniciação, o aluno tem, sobretudo, de lutar contra o sofrimento devido a limitações (Éfeso). Durante os processos da quarta iniciação ele bebe agora, como se pode compreender, a largos sorvos, o cálice da amargura (Esmirna). O ser emocional, inferior e terrestre, deve, com efeito, ser consumido inteiramente a fim de que o puro amor divino possa residir no coração humano.

Eis por que a voz daquele que esteve morto e que reviveu, portanto, o homem celeste, diz: "Conheço a tua tribulação, a tua pobreza, mas tu és rico, e as blasfêmias daqueles que te pisam o coração e te arrastam na lama. Eles dizem que são judeus, filhos do Leão, filhos de Cristo; e não o são, mas são a sinagoga de Satanás. Não temas nenhuma dessas coisas, pois essa reação é compreensível. O homem inferior, desmascarado pelo amor divino, debate-se como um animal furioso".

Dois processos aqui se interpenetram, a saber: a reação do mundo e das trevas ao trabalho da Luz e a extinção do ser emocional, dialético, no aluno. Todo esse processo deve atingir a sua plenitude. Ele dura dez dias. "Sê fiel até a morte e dar-te-ei a coroa da vida." Aquele que, assim, come o pão da vida atingirá o pleno crescimento e a glória perfeita.

"O vencedor de nenhum modo sofrerá dano da segunda morte." Todos os homens estão danificados pela primeira morte do corpo celeste. Quando, pela transgressão das leis divinas, a humanidade soçobrou no mundo inferior, a verdadeira figura celeste ficou para trás. Ela caiu numa espécie de letargia. Todavia, nesse estágio de seu desenvolvimento, o aluno já despertou o homem celeste; este lhe é demonstrado corporalmente à consciência. Semelhante aluno não sofrerá o dano da segunda morte do homem celeste. Morre da segunda morte do homem celeste aquele que, no curso do período da colheita, da 33ª dispensação, mostra-se insuficientemente preparado para ser elevado acima da natureza terrestre.

O aluno não pode mais sofrer o dano da segunda morte; as mudanças cósmicas, atmosféricas e estruturais dos tempos vindouros não poderão prejudicá-lo. Ele encontrou Cristo em sua esfera aural. Ele entra na nova vida.

VI

Assim, dois novos valores brilham no campo de vida microcósmico do aluno: o novo Mercúrio e a nova Vênus. O pensamento e o sentimento estão revivificados segundo a sua natureza celeste. E agora resta ainda ao aluno alcançar a renovação do centro da vontade, a iniciação de Marte do primeiro círculo sétuplo. Somente após essa quinta iniciação é que o aluno estará completamente equipado para iniciar a realização de sua grandiosa vocação.

A Iniciação de Marte do Primeiro Círculo Sétuplo

I

"E ao anjo da igreja que está em Pérgamo escreve: Estas coisas diz aquele que tem a espada afiada de dois gumes:

Conheço o lugar em que habitas, onde está o trono de Satanás; e que conservas o meu nome e não negaste a minha fé, ainda nos dias de Antipas, minha testemunha, meu fiel, o qual foi morto entre vós, onde Satanás habita.

Tenho, todavia, contra ti algumas coisas, pois que tens aí os que sustentam a doutrina de Balaão, o qual ensinava a Balaque a armar ciladas diante dos filhos de Israel para comerem coisas sacrificadas aos ídolos e praticarem a prostituição.

Outrossim, também tu tens os que da mesma forma sustentam a doutrina dos nicolaítas

Portanto, arrepende-te; e se não, venho a ti sem demora e contra eles pelejarei com a espada da minha boca.

Quem tem ouvidos ouça o que o Espírito diz às igrejas: Ao vencedor dar-lhe-ei do maná escondido, bem como lhe darei uma pedrinha branca, e sobre essa pedrinha escrito um novo nome, o qual ninguém conhece, exceto aquele que o recebe."

II

As iniciações de Mercúrio e de Vênus tornaram-se propriedades do novo homem. Uma luz divina e uma força de Deus foram-lhe dadas de primeira mão. A luz de Deus o fez contemplar o novo céu e a nova terra; a força de Deus capacitou-o fundamentalmente a estabelecer, de maneira inteiramente nova, uma ligação com aqueles que se encontram ainda nas trevas.

Essas duas iniciações abriram no aluno o novo templo interior: o santo (a cabeça) e o santo dos santos (o coração), a nova faculdade do pensamento e a nova qualidade emocional, incorruptíveis e eternos.

O timo tornou-se uma jóia cintilante e pôde ser comparado à "arca" no santo dos santos, ou ao túmulo aberto da Grande Pirâmide, na qual a força divina encontra a força humana, a fim de que esse dom divino possa ser transmutado em um poder humano manejável, fazendo que essa força mágica de amor, que não é deste mundo, irradie para fora, "como um resgate para muitos".

Embora esse "resgate" seja destinado a todos e deva, em princípio, abranger toda a humanidade, é indispensável que ele seja inteligentemente conduzido. Ele deve provir de um plano e deve ser acompanhado de uma certa estratégia. É necessário que por trás esteja um homem consciente: "Deus deve tornar-se carne". Uma nova vontade dinâmica, forte e equilibrada, deve dirigir os dons de Mercúrio e de Vênus.

Conseqüentemente, após ter recebido a iniciação de Vênus, o novo condiscípulo não está ainda perfeitamente preparado. Essa perfeição não se demonstra senão após a iniciação de Marte, pois o novo Marte desenvolverá o novo ser-vontade do condiscípulo.

Pode causar admiração ao aluno o fato de a iniciação de Vênus preceder à de Marte, pois a renovação do ser emocional deveria vir após a renovação da vontade. Para esclarecer essa aparente inconsistência, é preciso, antes de tudo, observar que a vontade é o poder mais dinâmico do homem e pode muito facilmente escapar de todo controle. Se o aluno desencadeasse e dinamizasse uma nova vontade antes que a ligação Deus-homem se estabelecesse no santuário do coração, ele não seria capaz de trabalhar com uma força divina e com um renovado ser emocional humano. Uma vez mais ele agiria, experimentalmente e de forma forçada, com todas as conseqüências daí decorrentes. Seu sacrifício de sangue não seria derramado segundo o espírito, para uma elevação, porém, segundo a natureza, para uma queda. Que o estudante considere bem isso como um conceito da mais alta importância, que jamais deve perder de vista, pois a queda da humanidade está em ligação estreita com esses fatos.

Marte é a força dinâmica da vontade criadora; Marte emite o *fiat* criador; Marte rasga o véu do santo dos santos. Se Deus mesmo não habita no *adytum*, se o trabalho lá não está ainda terminado, com o quê a vontade poderia agir?

A vontade livre tornar-se-ia uma vontade desenfreada, e uma vontade sem freio ocasiona limitação, cristalização, morte e, conseqüentemente, uma queda. E uma queda torna-se incompatível com a vontade livre. Uma liberação da vontade, um novo inflamar-se em Deus, antes de estar adequadamente preparado ocasionaria uma terrível catástrofe. Portanto, três fatores devem ser considerados: primeiro, o que é a vontade; segundo, o que é o novo Marte; e terceiro, o que é o velho Marte.

III

Em geral, confunde-se, o mais das vezes, desejar ou sentir com querer. Quando um homem tem fome ele diz: "Eu quero comer", pois é pela sensação de fome que ele deseja a nutrição. O fator vontade é aqui absolutamente secundário. Determinadas tendências e atributos do ser sangüíneo humano o compelem a um certo querer. Esse querer é involuntário, não é mais a qualidade original da vontade. Nesse caso, o homem é incapaz de aplicar o querer original; ele é "compelido a querer" pelo desejo, pelas tendências e instintos devido ao impulso do sangue.

A vontade era, originalmente, a força da epigênese, a livre decisão, a atividade autocriadora consciente do espírito humano. Essa é uma força extremamente perigosa, uma força real (Aries) e uma força secreta que pode ser uma força mortal (Escorpião), que pode, entretanto, também conduzir aos mais grandiosos resultados. A vontade é o princípio ou o fim de tudo, é a força eterna que domina a vida e a morte.

Quando ressurge a vontade, novamente livre, justa e conduzida pela "mão de Deus", isto é, que ela está inteira e perfeitamente harmonizada com o plano divino para o mundo e para a humanidade, plano que pode ser compreendido de primeira mão mediante o novo pensar, Marte deve então estar precedido de

Mercúrio e de Vênus. O templo, o *adytum*, com suas duas subdivisões – o santo e o santo dos santos – deve ser erigido. O novo Marte, então, faz do aluno um sumo sacerdote que trabalha no templo, com ele e para ele, como um ungido que anima o santuário.

Mediante o novo pensar, o sumo sacerdote lê o plano de Deus, participa da ordem divina, vive, como homem celeste, no reino que não é deste mundo; ele é rei na Salém de Deus, ele é Melquisedeque. Segundo o seu novo sentir, Deus mesmo desceu no túmulo aberto, na arca, e a força de Deus o acompanha em sua viagem aos países estrangeiros, a serviço da Luz. O novo Marte, o nascimento da nova vontade estabelecida em Deus, torna, por conseguinte, o espírito do homem celeste verdadeiramente imanente.

A energia dinâmica do novo Marte é como o calor no sangue, gerado pelo ferro, que leva o sangue espiritual do aluno a uma vibração totalmente nova e permite, assim, ao sumo sacerdote entrar no seu próprio templo interior, a fim de aí habitar e de aí celebrar o culto divino. Somente assim pode-se realmente falar de religião.

O novo Marte é o homem-deus que desce na carne; ele é a vontade livre que vai empregar, da maneira preconizada por Deus, todas as forças da sabedoria colocadas à sua disposição. Ele não especula nem impõe com seus poderes; ele é obediente à manifestação universal. O sumo sacerdote tem acesso à sabedoria absoluta, porém essa sabedoria se revela segundo uma lei. Há em sua base um método, um processo de vir-a-ser, racional e intangível. E a intenção do Logos é que esse plano divino seja executado por seus filhos. E então, quando a lei da sabedoria fizer conhecer sua exigência, como uma vocação, ao sacerdote enobrecido para esse estado, ele harmonizará e dinamizará sua vontade, a fim de executar a missão que lhe foi confiada.

Tendo assim harmonizado sua vontade com a sabedoria divina, o convocado entra no santo dos santos. Ele se reconforta no túmulo aberto e imerge na força do amor divino. Levanta-se em seguida, afasta o véu e sai para começar o seu trabalho. É dessa maneira que ele se torna e é um mago de Deus.

IV

Marte é também Caim, o possuidor. Caim se encontra diante de Abel, a vaidade. Caim é, assim, o homem que ocasiona o derramamento de sangue, o Senhor da Guerra que conquista a ordem da natureza por meio da ordem espiritual. O sacrifício de Caim somente é aceito mediante a morte de Abel. Caim deve dirigir-se à humanidade como o fogo divino que toca a água e, conseqüentemente, dar existência aos dois elementos secundários, ar e terra, o que significa, nestas circunstâncias, um novo céu e uma nova terra, que devem descer de Deus, mediante as cabeças, os corações e as mãos dos homens.

A vaidade deve ser destruída e transmutada pelo possuidor do poder divino. Não com o velho machado de guerra, segundo a natureza, porém com um novo machado – a força do amor divino (Vênus) e um novo Verbo – a sabedoria divina (Mercúrio). A nova vontade é assim o fogo, a força criadora segundo o espírito; e esse fogo somente pode realizar um trabalho verdadeiramente libertador e criador quando se adapta a uma cabeça e a um coração considerados em seu novo estado.

Mercúrio é o receptor, o contemplador, o iluminador. Vênus é o emissor, o distribuidor.

Marte é o sumo sacerdote, o homem que, como tal, recebe a iluminação e executa o trabalho mágico: ele é o Caim que coloca seu sangue para resgatar o sangue da vaidade.

Além disso, a nova vontade é igualmente o senhor do sistema do fogo serpentino, graças ao qual a personalidade inteira, com todos os seus órgãos e estruturas, fica sob a direção do sumo sacerdote; e essa vontade não tem qualquer relação com a força sexual, a força procriadora indispensável à perpetuação da raça. As forças sexuais e os deveres sexuais são os resultados naturais da queda do homem e de sua permanência nesta ordem de natureza terrestre, conseqüências da degeneração humana, portanto condenados a desaparecer, uma vez que a morte seja vencida. O novo Marte se desliga da força sexual, ele a isola e, sem forçar, deixa-a morrer.

O sistema do fogo serpentino, que começa por detrás da cavidade frontal, entre as duas sobrancelhas, e termina na parte inferior, no cóccix, no plexo sacro, é também chamado, no esoterismo, o cetro de Moisés. Visto que o fogo da fronte irradia igualmente para fora quando o sumo sacerdote cumpre sua tarefa e envia ao espaço um brilho de luz, fala-se no simbolismo sagrado do unicórnio. Quando o sumo sacerdote emite seu *fiat* criador, vemos sair de sua boca a espada flamejante e, então, o significado relativo a esse símbolo que se acha no prólogo do Apocalipse torna-se claro para o aluno.

E assim, vemos a vontade como a atividade mais dinâmica da figura corporal, o cetro de Moisés, com a ajuda do qual o homem divino percorre os caminhos de Deus. A vontade é também a espada de dois gumes de Pérgamo (Marte), dirigida para a morte e a vida: a morte da natureza e a vida segundo o espírito.

V

Quando, pois, o aluno, como sumo sacerdote, pode penetrar em seu templo interior, eleito para essa dignidade pela iniciação de Marte do primeiro círculo sétuplo, ainda está longe de ser um eleito absoluto. Ao contrário! Ele vai agora, na verdade e com uma probabilidade de sucesso positivo, empreender a luta contra o velho Marte que ainda exerce sobre ele um certo poder.

É por isso que é escrita a carta a Pérgamo, carta escrita pelo quinto candelabro que se encontra diante de Deus: "Eu conheço tuas obras... tua luta... tua paciência... mas tendes entre vós pessoas ligadas à doutrina de Balaão."

Isso indica o ensinamento do Marte inferior, destruidor. Não o Marte sexual, porém aquele que, forçando de todas as maneiras sua vontade, a coloca a serviço da natureza terrestre; que, por sua vontade, opera fora do plano de Deus e é, por conseqüência, destruidor dele mesmo e dos outros. É como o sumo sacerdote que abusa de seu cargo. Aquele que é dessa maneira marcial, que maneja desse modo o machado, verá a guerra voltar-se contra ele mesmo. Porque tal Marte invoca todas as forças da oposição e as reações naturais adversas e... cai.

Concluindo: a mudança da vontade deve ser considerada como um dos aspectos mais importantes do primeiro círculo sétuplo. E a mudança da vontade significa, ao mesmo tempo, a libertação dos laços da sexualidade. A sexualidade em suas formas de luxúria desenfreada é sempre o resultado da vontade desencadeada que impele o fogo do cetro de Moisés no santuário pélvico.

Numerosos autores esotéricos ensinam que a força sexual pode ser dirigida "para o alto" e "sublimada" por exercícios. Semelhantes métodos são perigosos, terrestres e nefastos. Nós os temos sempre combatido. Quando a vontade desenfreada inflamou de fogo ímpio o plexo sacro, não se pode santificar ou sublimar essa impiedade. Pode-se, quando muito, aprisioná-la um certo tempo até que, em um dado momento, de uma ou de outra maneira, desencadeia-se tal como um fogo devorador que explode para o exterior. Nenhum homem desta natureza escapa a essas explosões.

No entanto, a reversão da vontade, após as iniciações de Mercúrio e de Vênus, traz imediatamente a solução. O "como é em cima" torna-se semelhante ao "como é em baixo" e assim nada há para ser sublimado. Trata-se aqui da mudança de vida: o aniquilamento do velho Adão e o nascimento do homem celeste.

VI

Desse modo, encontra-se o renovado sumo sacerdote em seu templo interno com novas pedras de construção. O seu pensar, sentir e querer estão preparados pela vida divina, e uma parte importante do homem celeste pode já se ligar ao velho ser dialético que, em conseqüência, deve desagregar-se estruturalmente.

O avanço no processo de transmutação da personalidade já está tão adiantado que o aluno pode começar e continuar o grande trabalho de sacrifício. Caim pode agora atacar o mundo da ilusão e da mentira, pode agora trabalhar e, graças aos seus instrumentos, construir uma nova cidade, a cidade de Enoque, a cidadela da iniciação.

A Iniciação de Júpiter do Primeiro Círculo Sétuplo

I

"E ao anjo da igreja em Tiatira escreve: Estas coisas diz o Filho de Deus, que tem os olhos como chama de fogo e os pés semelhantes ao bronze polido:

Conheço as tuas obras, o teu amor, a tua fé, o teu serviço, a tua perseverança e as tuas últimas obras, mais numerosas do que as primeiras.

Tenho, porém, contra ti o tolerares que essa mulher Jezabel, que a si mesma se declara profetisa, não somente ensine, mas ainda seduza os meus servos a praticarem a prostituição e a comerem coisas sacrificadas aos ídolos.

Dei-lhe tempo para que se arrependesse; ela, todavia, não quer arrepender-se da sua prostituição.

Eis que a prostro de cama, bem como em grande tribulação os que com ela adulteram, caso não se arrependam das obras a que ela incita.

Matarei os seus filhos, e todas as igrejas conhecerão que eu sou aquele que sonda mentes e corações, e vos darei a cada um segundo as vossas obras.

Digo, todavia, a vós outros, os demais de Tiatira, a tantos quantos não têm essa doutrina e que não conheceram, como eles dizem, as profundas de Satanás: Outra carga não jogarei sobre vós. Tão somente conservai o que tendes até que eu venha.

Ao vencedor e ao que guardar até ao fim as minhas obras, eu lhe darei autoridade sobre as nações. E com cetro de ferro as regerá; e as reduzirá a pedaços como se fossem objetos de barro; assim como também eu recebi de meu Pai, dar-lhe-ei ainda a estrela da manhã. Quem tem ouvidos ouça o que o Espírito diz às igrejas!"

II

O que precede nos ensinou de que modo começaram os processos estruturais de renovação dos santuários da cabeça e do coração; o sumo sacerdote entrou em seu templo e, assim preparado, o aluno vai ao encontro da iniciação de Júpiter.

Ele atingiu o momento de realizar, neste mundo decaído, sua vocação divina. Do trabalho preparatório, e mais especialmente interior, ele parte para o trabalho exterior, cujo resultado determinará, por sua vez, a medida e a qualidade do crescimento interior. O aluno começa a testemunhar, no campo de vida da ordem dialética, a mensagem e a natureza da Fraternidade estática universal – isto é, que ela é a verdadeira comunidade do reino dos céus, a ordem divina. É preciso que seja estabelecido neste mundo, como uma fortaleza temporária, "o que não é deste mundo", a saber: uma antecâmara da Hierarquia, um átrio da Escola Espiritual. Essa é a missão do iniciado de Júpiter.

III

A esta altura, deve ficar claro para o aluno, em primeiro lugar, que não se trata aqui de agir segundo a sua própria vontade. Ele não deve alimentar nenhum desejo ou especulação pessoal. Nenhum objetivo, nenhum desígnio terrestre deve estar presente aqui, pois o momento é chegado onde a vontade própria, como novo Marte, vai ser voluntariamente ligada à vontade divina. Agora deverá realizar-se o: "Senhor, que queres que eu faça?"

A nova Vênus tornará possível ao aluno receber interiormente a irradiação de uma vocação distinta e verdadeiramente andar pela mão dos hierofantes; enquanto que o novo Mercúrio fará compreender àquele que foi chamado que sua missão é racional e moralmente justificada e necessária.

O princípio fundamental da tarefa a ser realizada permanece através dos tempos o mesmo para todos os alunos: dar testemunho da Fraternidade da Luz estática e universal. As sugestões irradiam do reino dos céus e suas forças devem exercer neste mundo uma certa atividade; a cruz de Cristo deve ser implantada nesta terra e a oblação de sangue deve ser consagrada a seu serviço, a fim de despertar para a verdadeira vida aqueles que a isso são receptivos, e ajudá-los em seus esforços para seguir a senda. Esse trabalho de salvação, para ser bom e proveitoso, deve sempre ser efetuado sob a direção da Escola Espiritual e em ligação com ela. Quando essa ligação não se efetua, e não obstante isso, este ou aquele obreiro prossegue nutrindo semelhantes ambições, a linguagem sagrada chama a isso: "o trabalho da celibatária". Se tal trabalho não está em harmonia com a vibração do santo dos santos, ele é claramente experimental e presunçoso.

Semelhante obreiro é designado no Apocalipse por Jezabel, a celibatária. Ele prostitui o que é divino e o mutila, e comete um adultério espiritual. É ainda o velho e presunçoso Caim, o homem decaído e que ainda não se reergueu. É pois indispensável, para executar a sua tarefa, que o obreiro convocado não dê um passo, nem para a esquerda nem para a direita, fora dos limites de seu mandato. E se, por uma eventual necessidade de ampliação de sua já extensa tarefa, ele se unir a outros obreiros, tem o dever de ligá-los, em comum obediência, ao seu mandato, a fim de os preservar do pecado de Jezabel. Esse mandato não pode, com efeito, ser incluído no contexto de motivos pessoais, terrestres, porém nesse mandato se exprime a missão divina mesma, missão que deve ser executada em um momento determinado e de uma certa maneira.

É nesse sentido que é preciso interpretar na *Fama Fraternitatis* da Rosacruz clássica, que Cristão Rosacruz escolheu colaboradores para si, e os fez prometer "lhe serem fiéis e zelosos, não divulgarem os segredos e colocarem com cuidado, por escrito, as informações e ensinamentos por ele transmitidos".

IV

Quando, finalmente, o aluno passa ao trabalho no campo exterior, ele se dirige aos homens com os ensinamentos e as forças do Reino; ele institui uma projeção da Escola Espiritual ou colabora com tal Escola. O mais alto objetivo é evidentemente despertar esses homens e os impelir ao renascimento. Esse propósito, todavia, é tão elevado, e os homens se encontram tão mergulhados em seu "eu" e na natureza decaída, que a realização prática desse objetivo não pode, certamente, ser atingida de uma só vez.

Contudo, há um resultado que é imediato. Entre um certo número de indivíduos, a couraça e a razão do terra-a-terra se destroem lentamente sob a ação das lutas, das dificuldades e dos desgostos. Em razão dos conflitos do solitário "eu" na natureza terrestre, resulta que aspirações mais elevadas despertam. O velho Caim se vê em um beco sem saída, seu sacrifício segundo a natureza não é aceito e ele parte à procura de outras e mais nobres posses. São esses homens que se aproximam da antecâmara da Escola Espiritual. Eles são tocados pela nova luz e, de início, ficam muito entusiasmados. Porém, patenteia-se logo que a herança que trazem em seu sangue determina uma parada e que as exigências da Escola são muito elevadas para eles. Suas diversas reações muitas vezes fazem nascer o caos, a incompreensão, a contradição e insuportáveis tensões. O espírito em que o trabalho foi empreendido parece desviar-se rapidamente para a paródia, quase levando o obreiro convocado ao desespero.

Que o aluno considere, entretanto, a causa das diversas reações dentro de uma luz justa. Nesse caso, não se trata de fracasso, porém de uma primeira reação, perfeitamente compreensível e muito necessária ao trabalho de Júpiter neste mundo. No verdadeiro trabalho de Júpiter não há compromisso algum. Não há submissão às expectativas do público que se aproxima; não são feitas concessões aos predominantes estados de ser. Isso explica por que o primeiro encontro deve, inevitavelmente, provocar um terrível caos, cujos redemoinhos são tanto mais profundos quanto mais dinâmico for esse primeiro contato.

A luz do Reino toca e desperta alguns pesquisadores da Luz, disseminados nas trevas deste mundo, e o resultado é, no começo, inteiramente semelhante à descrição da mesma situação exposta no livro *As núpcias alquímicas de Christian Rosenkreuz*: "Ó Deus! possa eu ser capaz de descrever a confusão que nesse momento reina, cada um se esforçando para se apossar da corda e molestando-se reciprocamente".

Entretanto, após esse primeiro contato, os interessados não são mais completamente semelhantes ao que eram antes. Foram tocados pela irradiação da Luz, e o sinal de sua passagem não pode mais ser apagado de seu sangue. É possível que semelhantes indivíduos forcem a si mesmos, talvez no início, a uma volta para a sua antiga vida, porém sua fome, no mais recôndito de seu ser, é mais forte que nunca. Eles eram ainda, quando desse primeiro contato, presas da vida inferior, cuja força atrativa era ainda forte demais; eles ainda não podiam resistir aos impulsos dinâmicos do "eu". Entretanto, o toque do obreiro é duradouro, e a ferida que ele infligiu ao ser inferior é incurável.

V

O conjunto do trabalho de Júpiter comporta três fases:

a fase caótica ou fase inicial,
o período da mudança fundamental e
o desenvolvimento do primeiro círculo sétuplo.

É incumbência do enviado da Hierarquia conduzir à segunda fase, através da primeira, as almas pesquisadoras introduzidas em seu campo de força. Cabe-lhe, igualmente, por seu exemplo e pela continuidade na pregação da doutrina universal, fazer que o rebanho a ele confiado acumule força suficiente para o trabalho necessário da livre automaçonaria a fim de penetrar no primeiro círculo sétuplo.

Tão logo os primeiros sucessos se delineiem no campo de força do aluno-enviado e os primeiros filhos perdidos tenham, de novo, encontrado o reino do Pai e realizado com Ele uma ligação consciente, novas possibilidades se abrem para o próprio aluno-enviado. Os processos da iniciação de Saturno, a sétima iniciação do primeiro círculo sétuplo, começam a se fazer valer.

Em ciência oculta, Júpiter é o deus do fogo, o senhor dos quatro elementos. É também representado por um cisne que voa ou nada à frente de uma falange. O cisne é um símbolo bem conhecido do Espírito Santo. Vemos, igualmente, aparecer Júpiter sob a forma de um fogo abrasador que consome a matéria inferior. No cristianismo esotérico e gnóstico, ele é Miguel, o arcanjo que se encontra diante do trono de Deus. Ele é o chefe das hostes celestes. Júpiter, enfim, é também designado como o símbolo de todo o poder.

Tudo isso é muito claro para o leitor. O novo Júpiter, que em sua qualidade de sumo sacerdote provém do santo dos santos, é portador de grande força. Ele é, no verdadeiro sentido da palavra, um mago. O verdadeiro homem-Júpiter surge com sabedoria, força e vontade espiritual, nascidas de Deus. O novo Júpiter é constituído dos elementos dessa trindade:

a sabedoria do novo Mercúrio, que é ver Deus;

a força da nova Vênus, que é encontrar Deus;

a vontade espiritual do novo Marte, que é tornar dinâmica em si a vontade divina.

Finalmente surge o novo Júpiter que irradia a vontade divina nas trevas da noite do campo de vida terrestre. Júpiter é, pois, a síntese alquímica de Mercúrio, de Vênus e de Marte, o nobre filho dos deuses da mitologia.

A magia jupiteriana é, portanto, a causa dos fenômenos caóticos que surgem na primeira fase do trabalho jupiteriano. Esse caos não é, entretanto, comparável à decadência comum que se segue à elevação e ao brilho, da qual nada mais fica do que um resíduo de ruínas. Mas esse caos levou, de modo duradouro, ao sangue de todos aqueles que estão reunidos no campo de trabalho uma nova força durável, uma força que não é deste mundo. Ninguém pode escapar dessa magia de Júpiter, e um dia a boa semente espalhada germinará triunfante, crescerá e dará ricas colheitas.

O novo Júpiter é o mago, o Caim que vai à guerra, o possuidor. Ele marcha para a terra do inimigo, sustentado pela força celeste; ele é um Miguel, um representante da Hierarquia de Cristo, um discípulo que, um dia, alcançará maravilhosas vitórias.

Jesus dizia a seus discípulos que testemunhavam o seu trabalho libertador: "Em verdade eu vos digo, vós fareis maiores coisas que estas".

VI

Uma advertência premente é dirigida a todos aos quais é dado trabalhar na força de Júpiter, pois um perigo os espreita, idêntico àquele que assinalamos nos capítulos precedentes. O novo Júpiter age em nome do homem celeste. Ele é o novo sumo sacerdote que empreende seu trabalho a partir de seu interior. Seu sistema vital, entretanto, hospeda ainda o resíduo do velho Adão, cuja presença se faz, muitas vezes, sentir de maneira muito penosa. A velha natureza está, em princípio, morta; porém estruturalmente há sempre a velha herança que deve ser liquidada através do processo.

Encontramos essa advertência na carta a Tiatira, que significa o indomável, um nome bastante exato e expressivo para o homem-Júpiter.

"Eu conheço as tuas obras... mas tenho contra ti o tolerares que essa mulher Jezabel ensine."

Ora, Jezabel, como vimos, é a celibatária. Ela engendra um filho que não nasce da atividade progressiva do novo homem, porém é concebido pelo velho Adão, que força a si mesmo a aparecer como novo Adão. Tal homem imagina-se convocado; ele vive no reflexo de uma ilusão. Ele é um sacerdote que exerce o cargo de sacerdote sem que para isso tenha sido chamado; ele não foi consagrado pela própria Hierarquia na base da mudança fundamental e na sucessão das iniciações precedentes do círculo sétuplo. Tal homem demonstra as características negativas típicas do Júpiter terrestre, presunçoso, experimental, ignorante e especulativo. Ele é uma forma sem conteúdo; é jovial sem amor; generoso sem posses; obreiro sem verdadeiro interesse; terrivelmente orgulhoso sem nenhuma razão para o ser.

Ora, todas essas coisas perecerão de morte natural e Deus e seus servidores "sondarão os corações" e os rins, o que significa que o coração deve demonstrar se Deus mesmo habita aí. Uma vez que as glândulas supra-renais são os órgãos de concentração de energia, "sondar os rins" significa que será verificada se a energia que eles encerram é bem aquela do novo homem que cumpre sua missão a serviço da Luz.

Se o aluno consegue, no que diz respeito a essa tarefa, neutralizar totalmente a influência do velho Adão, então a brilhante estrela da manhã elevar-se-á como a última iniciação do primeiro círculo sétuplo.

A Iniciação de Saturno do Primeiro Círculo Sétuplo

I

"E ao anjo da igreja em Sardes escreve: Estas coisas diz aquele que tem os sete espíritos de Deus e as sete estrelas: Conheço as tuas obras, que tens nome de que vives e estás morto.

Sê vigilante e consolida o resto que estava para morrer, porque não tenho achado íntegras as tuas obras na presença do meu Deus.

Lembra-te, pois, de como tens recebido e ouvido, guarda-o, e arrepende-te. Porquanto, se não vigiares, virei como ladrão, e não conhecerás de modo algum em que hora virei contra ti.

Tens, contudo, em Sardes umas pessoas que não contaminaram as suas vestiduras e andarão de branco junto comigo, pois são dignas.

O vencedor será assim vestido de vestiduras brancas, e de modo algum apagarei o seu nome do livro da vida; pelo contrário, confessarei o seu nome diante de meu Pai e diante dos seus anjos.

Quem tem ouvidos ouça o que o Espírito diz às igrejas!"

II

Desse modo, o aluno continua a cumprir sua grandiosa missão jupiteriana. O que recebeu de quíntupla maneira, pelo toque e pela revivificação do homem celeste, deve manifestá-lo e, se possível, consolidá-lo nas almas humanas, a fim de que possa tornar-se, com todos os Grandes, um "pescador de homens".

Tudo aquilo que recebeu deve se demonstrar na prática do sacrifício e, desde que passe às realizações, ele se liga voluntariamente à natureza terrestre e não pode nem deseja voltar atrás. Com efeito, da mesma maneira que o Criador divino de todas as coisas fica ligado à sua criação e à sua criatura, e "não pode deixar perecer a obra de suas mãos", também o aluno liga-se, voluntariamente e cheio de alegria, à sua tarefa. E essa descida na matéria, no sofrimento e na morte, torna-se sua ascensão. Hora após hora sobrevém-lhe elevada e santa circunspecção, pois ele sabe e sente até no mais íntimo de seu ser que, apesar de sua insignificância e pobreza, tornou-se um fator na universalidade dos acontecimentos terrestres. Ele foi escolhido para ser um pequeno porém indispensável elo no grande processo de salvação instituído para a humanidade.

"Deus não deixa perecer a obra de suas mãos." Por que não? Porque o Logos evolui, se manifesta através de sua criação e de sua criatura. Quando os livros sagrados dizem: "Deus é Luz" e, portanto, Deus se manifesta pela Luz, está claro que tudo quanto perturba a Luz e a obscurece deve ser transmutado. É preciso continuar o trabalho até que tudo se torne Luz.

Desse modo, a linguagem sagrada pode ir mais além e dizer: "Deus, em seu Filho, nos acompanha até a consumação do mundo".

A criatura, o filho de Deus, deve testemunhar a grandeza divina e tornar imaculada a Luz obscurecida. E da mesma maneira como o Grande Hierofante da hierarquia das entidades humanas libertas, com todos os seus servidores, "até a hora presente suspiram, tal qual nas dores do parto", para concluir a grande obra de salvação, também o aluno – o ínfimo elo no trabalho de salvação da humanidade – deve compenetrar-se da certeza de que o coroamento do plano divino depende também dele.

O aluno não só tem nas mãos o seu próprio destino, ele não exerce tão somente uma influência sobre o destino dos homens que entram em seu campo de força, mas ele leva também, além disso, de acordo com seu estado de ser, a co-responsabilidade de toda a atividade da Hierarquia de Cristo. O aluno de Júpiter estabelece em Cristo uma ligação com todos aqueles que entram em seu campo de força e tomam a decisão de realizar, em si mesmos, o grande processo de salvação. Ele os acompanha até o término de sua tarefa. O leitor deverá sentir profundamente a pesada carga que o aluno de Júpiter toma aqui, voluntariamente, sobre seus ombros. Ele pode, no entanto, suportar essa carga, ainda que freqüentemente sob inexprimíveis gemidos, pois ele se sabe forte e enobrecido para tal tarefa, em razão das cinco iniciações precedentes do primeiro círculo sétuplo. Por conseguinte, todo especulador é aqui antecipadamente advertido no tocante ao pecado de Jezabel, o adultério espiritual, do Júpiter negativo que não é de Deus, porém "se faz de Deus".

III

Ora, quando os progressos dessa grandiosa missão começam a ultrapassar um mínimo determinado, demonstrando resultados positivos, a iniciação de Saturno abre-se para o aluno.

Pela manifestação, na sexta iniciação, de tudo aquilo que o aluno recebeu nas cinco iniciações precedentes, chega-se agora ao coroamento do primeiro círculo sétuplo, pela progressiva entrada em movimento de uma mudança total da inteira forma corporal. No decurso desse processo, tudo o que é dialético é consumido com segurança, cientificamente; o núcleo de um novo corpo físico imortal é estabelecido e sobre essa base a construção pode continuar. À medida que o aluno vence as dificuldades inerentes à missão de Júpiter e que os conflitos entre a natureza e o espírito contribuem para purificar e espiritualizar o ser, a porta de Saturno abre-se para ele.

É do mais alto interesse que todo aluno dos mistérios compreenda esta lei: a iniciação e a espiritualização não se realizam no conforto do lar ou no gabinete de trabalho. Considerado de um ponto de vista superior, não pode haver o menor crescimento espiritual se o aluno não aceita, voluntariamente, o sofrimento, o esforço e o sacrifício da missão jupiteriana, e isso sem reserva, em um perfeito amor ao próximo, sem nada esperar de volta e sem nenhum receio. Se o aluno foge a essa lei, ele comete um adultério espiritual. Ele penetra na Escola Espiritual, eventualmente, como um indesejável e se tornará um criador de *lapis spitalauficus*, isto é, um especulador espiritual, e o melhor que lhe pode acontecer é ser reenviado vazio, "com um sorvo de esquecimento".

IV

A magnitude do prodígio da iniciação de Saturno é muito compreensível, e dessa iniciação desejamos agora dar uma idéia mais ou menos ampla, a fim de que essas perspectivas encorajem cada um e o fortaleçam em sua futura missão.

Todos os estudantes de esoterismo sabem que Saturno rege o corpo físico, especialmente suas partes sólidas, como o esqueleto, por exemplo. A atividade das forças do velho Saturno no corpo físico é responsável por todos os processos de cristalização. Isso explica por que os astrólogos de todos os tempos têm-nos sempre descrito Saturno como a força que obstrui e gera a decrepitude e a ruína. O novo Saturno, entretanto, forma um corpo totalmente novo que não está sujeito à fatal cristalização e suas conseqüências. Ele realiza um processo simbólico harmonioso de metabolismo, pelo qual a morte natural das células do corpo é compensada pela renovação das células e grupos de células materiais.

No novo Saturno, as células e grupos de células de toda a forma física recebem propriedades novas. O princípio espiritual presente em cada célula, o seu núcleo, recebe do novo Marte um permanente poder de absorção radiante, magnético. Mediante essa atividade, o velho corpo é progressivamente demolido e substituído por um outro, que desabrochará na qualidade de corpo imortal do homem ressuscitado. O aluno deve compreender por que o velho Saturno não pode realizar esse grandioso trabalho. A tarefa de Saturno consiste em sintetizar e manifestar, em formas adequadas, todos os valores, as forças e os resultados da vida. A tarefa de Saturno é manifestar a totalidade da existência de uma criatura segundo a consciência, a alma e o corpo, vistos em uma só unidade. Saturno manifesta tudo o que nós temos criado. Ele é o manifestador. Daí ser ele representado pelo "homem da foice", o hierofante da morte, porque todos os valores do homem dialético e satânico, os resultados dos desejos ardentes do eu, os arrebatamentos apaixonados da vida inferior, são por ele, num dado momento psicológico, postos à luz do dia. Saturno é o Pai-Tempo (Cronos) que ordena: "Até aqui e não mais além".

Quando o homem, após a mudança fundamental e a manifestação de seu ser divino, vive e trabalha em conformidade com as leis divinas originais, e devido a isso todo o ser pode responder a outros valores, forças e resultados que são fixados na alma, purificados e postos à prova pelo trabalho de Júpiter, então a soma de tudo isso deve também ser manifestada por Saturno.

Esse é o novo Saturno, nascido da manifestação do homem celeste.

V

Como o aluno descobrirá, não se trata aqui de cultura da personalidade, porém de uma transmutação da personalidade. Nas duas iniciações fundamentais, a tríplice luz da consciência celeste superior é introduzida no sistema do homem inferior. Como vimos, depois disso a velha faculdade pensante extingue-se para dar lugar a um novo poder do pensamento da figura celeste, que penetra no santuário da cabeça e coloca os fundamentos do novo templo. Esse trabalho de salvação se realiza mediante a iniciação de Mercúrio.

Pela quarta iniciação, a de Vênus, e a quinta, a de Marte, o velho corpo de desejo, a esfera aural, morre segundo os princípios do velho homem, e o novo corpo de desejo, a nova esfera aural, é chamado à vida, como firmamento microcósmico. O novo ser sentimento (Vênus) manifesta-se e o verdadeiro sumo sacerdote pode, graças às novas nuvens aurais, penetrar no novo templo a fim de poder ouvir a voz de Deus no santo dos santos.

E o sumo sacerdote, inflamado em Deus segundo a mente (Mercúrio), morto em Jesus, o Senhor, segundo a essência do coração (Vênus) e renascido pelo Espírito Santo segundo a nova vontade (Marte), deve agora deixar o templo, através do átrio, para empreender e realizar a sua tarefa a serviço do mundo e da humanidade no campo dialético de vida.

A tarefa de Júpiter, correspondente à sexta iniciação, é a condição essencial para o desenvolvimento futuro e a realização espiritual do homem celeste. A nova idéia e o novo ser sentimento, conduzidos pela nova vontade, devem irradiar neste mundo como uma força mágica, como um chamado de Deus. Todo o sistema do velho homem começa assim a se modificar. Todos os dons e manifestações do homem celeste são, como por uma fórmula alquímica, fundidos em uma maravilha. O que começou no ápice da figura física, por conseguinte na faculdade pensante, vai agora se manifestar na criação de uma nova forma física.

O primeiro círculo sétuplo está fechado. Saturno, o mensageiro da morte na natureza dialética, torna-se o arauto do homem ressuscitado em incorruptibilidade.

VI

Toda morte, cristalização e decadência são as conseqüências do velho Mercúrio, da velha Vênus, do velho Marte e de sua total anarquia. O velho Mercúrio coopera com as capacidades do cérebro do homem biológico, do homem considerado como um animal. A velha Vênus sacrifica-se a toda espécie de ídolos, e o velho Marte é a vontade desenfreada, caótica, sem controle, que se subtraiu à vontade de Deus. Essas três formas de degenerescência engendram a ruína completa da alma, conseqüentemente a corrupção do sangue, assim como uma quase definitiva ruptura entre o espírito e a matéria.

O velho Marte polarizou na alma humana o ferro da vontade especulativa; a velha Vênus polarizou na alma humana o cobre do profanado santuário do coração; o velho Mercúrio polarizou na alma humana o mercúrio do intelecto biológico; e o velho Júpiter, Jezabel, polarizou na alma humana o estanho da ilusão total. É assim que o *glúten*, do qual fala K. von Eckartshausen em seu livro *A nuvem sobre o santuário*, aparece no ser sangüíneo do homem, glúten composto de quatro metais: ferro, cobre, mercúrio e estanho. O velho Saturno aí acrescenta o chumbo cinzento do afastamento de Deus, completando, assim, a composição do funesto glúten. Dessa forma, o ser da morte é então ligado à alma como uma força, e essa força reage cruel e diretamente quando a vontade desenfreada, em seu furor, perturba e desorganiza os processos comuns da vida.

Todavia, se o aluno chega a desenvolver uma vontade estática, uma vontade que se deixa conduzir pela mão de Deus e segue a lei divina, vemos que vinte e quatro correntes nervosas harmoniosas são emitidas pelos doze pares de nervos cranianos, e que o velho fogo serpentino reencontra, assim, sua antiga glória e volta a ser o "cetro" íntegro, graças ao qual o aluno poderá, corajosamente, percorrer o caminho da vida. A renovação do sangue que disso resulta faz desaparecer o glúten da circulação sangüínea, e os metalóides sangüíneos do homem imortal far-se-ão valer de novo.

É assim que as forças espirituais de todas as iniciações precedentes guiam o aluno para o novo Saturno que lhe abre a porta da nova vida, a porta do verdadeiro reino de Deus, o reino dos céus, o domínio da vida original da humanidade. Somente o homem imortal, ressuscitado, pode penetrar nesse grandioso reino da Luz.

À medida que o processo do novo Saturno progride, todas as iniciações precedentes se elevam a uma manifestação sempre mais grandiosa, e a expansão de sua luz aumentará, considerando que a resistência que o aluno deve vencer diminui em razão de seu crescimento em força e poder. O Espírito Santo Sétuplo transformou completamente o velho microcosmo em um novo microcosmo, e a cadeia do primeiro círculo sétuplo está fechada. O homem renasceu segundo a natureza da ordem divina primordial.

VII

A linguagem sagrada dá abundantes provas de que o Espírito Santo pode ser identificado com Saturno. Os antigos judeus eram muito ligados a Saturno. O espírito de Saturno era sua estrela guia. Uma de suas missões era engendrar, de seu ser sangüíneo, um veículo físico apropriado para o salvador do mundo, Jesus Cristo. Jeová, o Deus dos judeus, significa, aliás, em um certo sentido, Saturno; e o judaico "dia do Senhor" era o sábado, também dedicado a Saturno. O maior erro dos judeus foi o de voltar sempre de novo à matéria grosseira e, por conseguinte, à cristalização, isto é, ao Saturno inferior.

Todavia, quando o aluno realiza corretamente sua tarefa no primeiro círculo sétuplo e o filho de Deus, o homem celeste, pode nascer nele, então ele é reconduzido à terra prometida, à Canaã da ordem divina. Ele é libertado da escravidão das trevas e empreende sua peregrinação através do deserto deste mundo, sendo-lhe, finalmente, permitido lançar um olhar, pela porta de Saturno, para a ordem divina das coisas. Sob as asas protetoras de Jeová, um novo homem nasceu dele.

VIII

O aluno agora compreende, sem dúvida, a grave advertência da carta a Sardes. *Sardes* significa o perigoso. Ora, o grande perigo persiste por muito tempo para o aluno que considera a matéria em todos seus aspectos como sendo o material essencial com o qual o reino divino deve ser constituído.

O homem saturnino não liberto é um materialista, seja grosseiro ou refinado. Portanto, o aluno deve ser vigilante, visto que "tendo ele a fama de vivo, não deve ser encontrado morto".

Eis por que, "sê vigilante e consolida tudo aquilo que foi escolhido para a nova vida". "Se não vigiares, eu chegarei como um ladrão", pois servir a matéria inferior ocasiona sempre súbitas conseqüências. Porém, aqueles que não mancharam seus veículos, reconstruídos de novo, "caminharão comigo em vestes brancas".

Que aquele que tem ouvidos ouça! Pois não é suficientemente conhecido dos círculos esotéricos de todos os tempos, que na linguagem sagrada "vestes" referem-se a um determinado estado corpóreo? O velho Adão foi banido do jardim do Éden "revestido de vestimentas de peles"; o novo Adão entrará no reino divino "em vestimentas brancas".

O Segundo Círculo Sétuplo: Urano

I

"Ao anjo da igreja em Filadélfia escreve: Estas coisas diz o santo, o verdadeiro, aquele que tem a chave de Davi, que abre e ninguém fecha, e que fecha e ninguém abre:

Conheço as tuas obras – eis que tenho posto diante de ti uma porta aberta, a qual ninguém pode fechar – que tens pouca força, entretanto guardaste a minha palavra e não negaste o meu nome.

Eis que eu farei que alguns dos que são da sinagoga de Satanás, desses que a si mesmos se declaram judeus, e não são, mas mentem, eis que os farei vir e prostrar-se a teus pés, e conhecer que eu te amei.

Porque guardaste a palavra da minha perseverança, também eu te guardarei na hora da provação que há de vir sobre o mundo inteiro, para experimentar os que habitam sobre a terra.

Venho sem demora. Conserva o que tens, para que ninguém tome a tua coroa.

Ao vencedor, fá-lo-ei coluna no santuário do meu Deus, e daí jamais sairá; gravarei também sobre ele o nome do meu Deus, a nova Jerusalém, que desce do céu, vinda da parte do meu Deus, e o meu novo nome.

Quem tem ouvidos ouça o que o Espírito diz às igrejas."

II

A figura corporal compreendida segundo a natureza terrestre foi conquistada pelo homem celeste. O velho Adão foi subjugado desde o seu átomo mental até o mais ínfimo átomo material, e sua manifestação se aniquila de acordo com o processo. A porta de Saturno abriu-se: a figura corporal do homem celeste vai se manifestar neste mundo, embora não seja deste mundo. O aluno, de conformidade com o primeiro círculo sétuplo, ostenta as sete estrelas na mão direita. E agora, saindo pela porta de Saturno, vê o sétuplo círculo de Urano brilhar para ele no oriente. É essa a verdadeira "estrela do oriente" que o aluno dos mistérios crísticos poderá, um dia, ver surgir. A cidade de Filadélfia está situada a leste de Sardes; é assim que a posição geográfica sublinha a significação profunda da revelação.

Logo que a "estrela do oriente", no segundo círculo sétuplo, principia a brilhar para o aluno, tudo muda em sua existência. Ele vive e experimenta o Logos tríplice planetário de uma maneira inteiramente nova. Vai a Belém (a casa do pão), a fim de alcançar diretamente, de primeira mão, o pão da vida. Ele penetra na gruta do nascimento – ou estábulo – para homenagear o menino Jesus e o adorar, em um encontro pessoal, com o ouro do espírito, o incenso da alma e a mirra de uma figura renovada, nascida do cálice da amargura forjado na forma de lótus.

O aluno, quando entra no círculo de Urano, é portanto um dos reis. Eis por que o simbolismo das escolas espirituais representa o iniciado de Urano adornado com uma coroa. E, assim adornado, ele conserva presente em sua memória a advertência: "Chegarei em breve! Segura com firmeza o que tens, a fim de que ninguém arrebate tua coroa".

Semelhante aluno é igualmente os três reis da epifania, já que ele é um homem tríplice; ele representa o Logos Tríplice; ele é espírito, alma e corpo. Nesse sentido é que três reis viajam em direção à estrela que brilha no oriente. O espírito e a alma são os primeiros a chegar, ultrapassando rapidamente a figura corporal, que é mais lenta. O terceiro rei vem por último; ele é ainda algo inseguro do caminho; ele ainda deve orientar-se; os perigos ainda estão à espreita; ele ainda traz perigos para si mesmo.

O "encontrar-se às portas de Saturno" não significa ainda libertação completa para a figura corporal. O novo corpo nasceu definitivamente, mas deve ainda liquidar inteiramente tudo o que resta da velha estrutura. Um novo nascimento aguarda o aluno que passou pelas provas do primeiro círculo sétuplo, e quando ele está pronto para entrar no círculo de Urano, o novo nascimento torna-se um fato. Trata-se aqui do nascimento do novo ser-alma celeste, também de aspecto sétuplo. Esse ser-alma é personificado pelo menino Jesus deitado numa manjedoura, indefeso e envolto em faixas. O aluno deve agora empreender um caminho também sétuplo para consolidar o que acaba de nascer e para fazer dele uma força invencível. Eis por que à porta de Saturno encontramos o maldito, em emboscada, a fim de assassinar a criança recém-nascida.

Todavia, se o aluno persevera no reto caminho e discerne o mal, ele encontrará a senda. A ele se aplica a palavra: "Eis o que diz o santo Único que abriu a tua porta: 'Quando Ele abre ninguém fecha, quando

Ele fecha ninguém abre.' Eis que tenho posto diante de ti uma porta aberta a qual ninguém pode fechar, que tens pouca força, entretanto guardaste a minha palavra e não negaste o meu nome".

Se o aluno segue o caminho, tal como foi descrito, e ele aí é encontrado fiel, está em segurança e ninguém lhe pode arrebatar sua coroa.

No primeiro círculo sétuplo, os fundamentos de uma habitação divina para o verdadeiro espírito tiveram de ser assentados. Um templo teve de ser edificado pelo sumo sacerdote. E ao candidato do primeiro círculo sétuplo foi concedido o divino privilégio de, nesse templo, Deus vir ao seu encontro. Agora, no sétuplo círculo de Urano, a luz divina nasce corporalmente nele, torna-se parte de seu ser. O iniciado de Urano pode falar "do Cristo em mim".

Há uma antiga lenda, a da profetisa Ana que vivia em Filadélfia. Ana significa: povo de Deus! Habitar em Filadélfia, pertencer ao círculo de Urano quer dizer, literal e corporalmente, "integrar-se, em um novo sentido, ao povo de Deus". Existem também contos sobre gigantes uranianos, titãs de força que dispunham de poderes muito grandes. Segundo a mitologia e a ciência oculta, Urano é o pai dos deuses, o princípio e o criador de um novo caminho. Urano é igualmente, assim como deve sabê-lo todo estudante de esoterismo, um símbolo crístico superior. Cristo aqui não é mais o cordeiro "que resgata os pecados do mundo", e muito menos o pescador de homens, porém a grande e radiante força de amor universal, a verdadeira e real vibração cósmica, universal.

"Deus é Amor" e o Filho – Cristo – no-lo revelou. E, visto que esse amor universal vai tomar forma no aluno após a realização do primeiro círculo sétuplo, ele entra no círculo de Urano coroado como um rei; é nessa qualidade que ele saúda a criança recém-nascida. Semelhante aluno não passa mais seu tempo lembrando-se do personagem histórico perdido nas brumas de um longínquo passado; não se empenhará mais em controvérsias, ou banais discussões a propósito de saber "como pôde tal fato suceder!" Ele vive o Senhor de toda a vida no presente, em seu próprio microcosmo, como um sétuplo príncipe da alma.

No círculo sétuplo de Urano eleva-se um novo Cristo solar, e o Consolador (Jeová) segue esse Sol, manifestando cinco novos estados de crescimento. O pentagrama celeste da alma começa a se desenvolver como "eternidade no tempo".

III

O leitor pode agora perguntar em que consiste a quintessência da iniciação de Urano. Digamos que consiste em ser repleto e revestido da força universal de amor e luz, possuí-la inteiramente.

Quando dizemos: "Deus é amor e aquele que permanece nesse amor permanece em Deus", reconhecemos que há uma força divina universal da qual nascem todos os valores, todos os poderes e todas as estruturas, e pela qual elas se mantêm e testemunham a majestade de Deus. O iniciado, no qual essa luz de amor nasceu, entra na Hierarquia da Luz e torna-se partícipe do poder e da magia de Cristo.

Até aqui o aluno ainda não havia conhecido no seu caminho semelhante força, semelhante poder de amor, porém agora ele vai ser enobrecido para um estado de ser que não se explica pela natureza terrestre. Esse é o círculo de Urano! A ligação com o amor que ultrapassa toda compreensão é obtida pela iniciação de Vênus. Possuir, porém, uma própria fonte interior desse amor, em harmonia com o novo pensamento, é privilégio do iniciado de Urano.

O aluno no caminho, ainda não enobrecido para participar desse círculo, pode, por vezes, ser assaltado por profundo anseio, o anseio por esse amor. Ele pode acusar-se dizendo: "Sou desumano – falta-me a irradiação de amor", pois reconhece, com efeito, quão limitado é todo o amor terrestre! Certos esoteristas dizem que o amor humanitário, também denominado altruísmo, é o amor de Urano. Isso é incorreto e pode-se, quando muito, falar apenas de um reflexo débil e caricatural.

Conhecemos três tipos de homens na natureza terrestre que procuram reagir à força de Urano. Primeiramente as pessoas que rejeitam todas as normas e todas as leis que mantêm esta ordem mundial mais ou menos em equilíbrio e que, seguindo cada um as disposições de seu ser, portanto de maneira inadequada, forçam novos caminhos. Em segundo lugar, o homem que pratica todos os tipos e formas de altruísmo terreno, mas toma cuidado para não deixar o seu "eu" sofrer. Em terceiro lugar, existe neste mundo uma tentativa de aplicação do amor ao próximo, mística, elevada, que demonstra ampla dose de abnegação, mas que não deixa de ser puramente especulativa, e que se desenvolve na linha horizontal. Esse amor ao próximo é exteriorizado pelo homem que, movido pela compaixão à vista dos sofrimentos deste mundo, tenta realizar experimentalmente projetos e idéias na esperança de banir, por estes meios, os sofrimentos do mundo e da humanidade.

A força, a natureza e os poderes do amor universal do sétuplo círculo de Urano pertencem, todavia, a uma outra ordem inteiramente diferente. É a força animadora e renovadora da criação original, jamais excessiva, jamais experimental e sem qualquer atividade da consciência-eu biológica, pois o homem enobrecido pela posse dessa força já não possui essa consciência-eu.

O iniciado de Urano, embora trabalhando efetivamente neste mundo a serviço da Hierarquia de Cristo, jamais poderá evidenciar-se à consciência dialética. A um obreiro aclamarão, a outros classificarão "como malfeitores", tal como experimentou Jesus diante do Sinédrio, e Estevão, que foi apedrejado até a morte.

O iniciado de Urano não pode, quando a serviço do Mestre, deixar que as considerações humanas determinem sua conduta. Podemos muito bem imaginar dois irmãos desse círculo, a serviço do Trabalho: um escolhe a carreira militar, e outro, por princípio, demonstra uma atitude não militarista.

A corrente de vida humana caiu em um estado subanimal, e a salvação desses filhos de Deus, perdidos, que se nutrem da lavagem dos porcos, exige por vezes providências e maneiras de agir que a consciência biológica não é capaz de sondar.

IV

O homem que penetra no sétuplo caminho anímico de Urano tornou-se um habitante de Filadélfia. Esse nome significa: amor fraterno excepcional, excelente.

Esse iniciado poderá trabalhar no mundo de maneira absolutamente nova. Ele não só é um conhecedor dos mistérios (Mercúrio); não é apenas aquele que encontrou Deus na câmara real do coração (Vênus); não basta que sua vontade tenha sido subtraída à natureza, tornando-se, assim, equilibrado (Marte), e que ele se tenha convertido, pelo auto-sacrifício, em um servidor da Luz (Júpiter); e finalmente, ele não só demonstra os elementos de uma nova figura física (Saturno), porém é e se torna, num sentido absolutamente novo, aquele que dá força anímica! Ele conseguirá inflamar seu campo de força e torná-lo um braseiro flamejante; ele se torna o mago místico de uma oitava maravilhosamente superior à de Vênus.

O iniciado de Urano possui todos os poderes criadores místicos da eternidade, poderes que devem ser introduzidos no tempo para uma ressurreição ou para uma queda. As forças anímicas que partem de Urano não somente despertam e unem, como o faz Vênus, porém, além disso, elas transformam. Elas operam como um fogo devorador, eletromagnético.

Àqueles que fazem parte desse círculo é dito: "Eis aí; em tuas mãos entrego alguns daqueles da sinagoga de Satanás... desses que se dizem judeus e não o são". A palavra judeus, aqui, significa "filhos do Leão", isto é, verdadeiros cristãos... "mas eles mentem". São aqueles que de religiosos têm apenas a aparência, aqueles que, pouco importa como, enganam ou prejudicam a humanidade. E eis a promessa: "Eu os farei vir para que se prosternem a teus pés". Por conseguinte, em nossa época também o caminho espiritual será colocado em novas mãos, as da fraternidade mundial, recentemente formada, e que assumirá, segundo o espírito, a direção de uma certa parte da humanidade, a colheita deste período. É um novo organismo espiritual nas mãos dos membros do círculo de Urano. E visto que esse círculo trabalha exilado, em terra inimiga, a advertência se faz ouvir: "Segura com firmeza o que tens – a fim de que ninguém arrebate tua coroa – eu te protegerei na hora da provação. E te farei coluna no templo de meu Deus", palavras que nos orientam diretamente ao terceiro e último círculo sétuplo, o de Netuno.

Concluindo, que seja dito ainda uma vez com ênfase que o amor fraternal por excelência, próprio do habitante de Filadélfia, não se dirige jamais a uma pessoa em particular. O amor de Urano é impessoal e envolve toda a humanidade. Ele é irradiado inteligentemente, consoante um plano, com a intenção de conduzir a humanidade à renovação ou destruí-la quando ela abandona, cada vez mais, os caminhos de Deus.

O Mistério da Alma

I

É de extraordinária importância, para todos os que desejam chegar a uma idéia exata do que se desenvolve no círculo sétuplo de Urano, esclarecer o mistério da alma assim como ele é compreendido pela Ordem da Rosacruz. Em primeiro lugar, o aluno deve compreender claramente qual é a essência e a vocação da alma, para depois poder encontrar a alma do homem celeste.

Os livros sagrados nos ensinam o que se deve compreender pelo conceito tríplice "espírito, alma e corpo". Que se compreenda, porém, que essa designação do homem tríplice se aplica somente ao homem como ele deveria ser! No estado atual do homem dialético não existe mais uma verdadeira ligação com o espírito. Para restabelecer esse estado realmente humano os mistérios redentores do cristianismo vivo foram revelados à humanidade. Somente quando a trindade "espírito, alma e corpo" for restabelecida, graças à mudança fundamental, o trabalho do primeiro círculo sétuplo poderá se desenvolver.

Que o leitor atento recorde-se disso no decorrer de seu estudo posterior.

Embora os três aspectos do homem, acima mencionados, se interpenetrem, pode-se, entretanto, distinguí-los claramente um do outro.

Quando se considera a figura corporal tomando-a como chave do ser humano, descobre-se que ela foi compreendida no decorrer dos tempos como manifestação sétupla. Nela distinguimos o aspecto físico denso mantido pelas forças etéricas, movido pelo dinamismo da esfera aural e guiado pelo pensamento e por um tríplice princípio de consciência, tríplice centro do ego na figura física. Esse tríplice centro, o pensamento, a força aural, as forças vitais dos éteres e o corpo físico denso constituem a figura corporal. O espírito e a alma distinguem-se claramente dessa figura corporal sétupla.

Há, além disso, um fluido vital, um grande princípio de vida que reúne em um todo a figura corporal sétupla, controla nosso pensamento mantendo nosso ser aural dentro de limites determinados e torna assimiláveis ao corpo, nos limites de uma certa escala vibratória, as forças viventes da natureza que nos chegam pelos éteres, proporcionando desse modo, para a figura corporal, um certo grau de saúde. Esse princípio vital é, por conseguinte, a substância que controla e mantém em equilíbrio a manifestação humana. Ele anima e limita em perfeita concordância com as qualidades e as possibilidades do homem em questão. Esse princípio de vida, que se faz conhecer em todos os seus aspectos como "luz", não é simplesmente uma nuvem de força vibrante, porém ele demonstra ter "vida" própria, luminosa, como alma inteligente e consciente, uma figura anímica.

Todas as sugestões do espírito, antes de se manifestarem na figura corporal e passarem à atividade, são transformadas por essa figura anímica. Se essa figura anímica, esse fluido de vida que controla, equilibra e eventualmente restringe, não estivesse presente, uma simples sugestão do espírito, no estado atual da existência humana, seria suficiente para destruir e aniquilar imediatamente a forma física. Todos os obstáculos cairiam e a figura física seria em muito pouco tempo devorada pelo fogo, sob os violentos impactos do espírito.

É preciso, portanto, considerar esse princípio de vida, essa alma, como uma bênção, mas também como punição, pois o homem somente pode reagir ao apelo do espírito à medida que a qualidade do princípio de vida lho permite. Quando, devido ao seu ser, o homem não pode reagir de seu íntimo ao chamado do espírito, resulta que ele se vê colocado diante da necessidade de regenerar esse ser e seguir por caminhos que poderão libertar a alma e eliminar os obstáculos que se encontram na senda.

A figura anímica, como mediadora entre o espírito e a figura corporal, é denominada alma na linguagem sagrada; a alma que anima o corpo e que, por sua vez, é inflamada pelo espírito. A alma é a "intérprete" resplandecente do espírito invisível.

Quando se fala dessa maravilhosa alma segundo seu aspecto material denso, ela é identificada com o sangue; quando se vê a alma em relação às forças etéricas, ela é designada como fluido nervoso. Quando se compreende a alma em suas atividades com as forças aurais, trata-se de radiações aurais luminosas. Tendo-se em vista a alma associada ao pensamento, fala-se de substância mental. Finalmente, quando o aluno considera o encontro da alma com os focos do espírito, trata-se aqui do fogo espiritual espinal.

Essas distinções do grande princípio de vida, a alma que penetra completamente a figura física, são compreendidas naquilo que se chama vulgarmente o "sangue".

Quando o místico esoterista que tem conhecimento dessas coisas fala do sangue, ele pensa no maravilhoso princípio de vida individual, no intermediário entre o espírito e a manifestação, princípio de vida do qual Goethe testemunha em sua célebre sentença: "O sangue é um fluido muito especial!"

A alma, esse intermediário entre o espírito e a personalidade, tolhe fortemente a maior parte dos homens terrenos. A qualidade da alma de grande parte da humanidade atual é um obstáculo terrível em lugar de ser o canalizador dos impulsos espirituais. O estudante somente poderá compreender as indicações e conselhos da Fraternidade empregados neste livro na medida em que a qualidade de sua alma o permitir, pois a qualidade da alma governa inteiramente a personalidade. Enquanto um determinado elemento estiver além da faculdade de compreensão da alma, é impossível ao aluno perceber o seu sentido.

A individualização da alma, tencionada como uma bênção, tornou-se uma prisão para o homem. Por conseguinte, ela tornou os homens estranhos uns aos outros. O Evangelho de João disso dá testemunho quando diz: "A Luz brilha nas trevas, porém as trevas não a compreendem".

As almas dos homens estão degeneradas, corrompidas e aviltadas. Ora, são essas almas que agora devem ser salvas, a fim de se tornarem um intermediário perfeito para o espírito. Salvar as almas nada tem a ver com um misticismo exterior e ruidoso acompanhado de charanga e bater de palmas, porém trata-se de um formidável processo do mais profundo caráter. Esse maravilhoso trabalho de salvação requer a intervenção de uma força salvadora e uma colaboração inteligente com essa força. O aluno recebe essa força de salvação da Hierarquia de Cristo, e a colaboração inteligente nasce quando, por sua vez, ele já não corrompe sua alma, porém tudo faz para melhorar as faculdades e as qualidades dela.

O aluno deve começar a aplicar uma nova psicologia não dialética! Sendo bem sucedido pela maneira indicada nos processos do primeiro círculo sétuplo, ele realizará igualmente a alma celeste no círculo sétuplo de Urano.

II

Desejamos, a esta altura, responder a duas perguntas que o leitor poderia, eventualmente, apresentar. A primeira poderia ser: a alma é mortal ou imortal? A segunda poderia ser assim formulada: se o renascimento da figura corporal depende do renascimento da alma, o renascimento desta não deve preceder o da figura corporal?

A alma, por vocação e origem, é imortal, do mesmo modo que a forma corpórea, porém na fase atual, para a maior parte da humanidade, ela é quase totalmente mortal. Não há dois indivíduos cujas características psicológicas sejam idênticas, portanto podemos apenas dar algumas indicações gerais.

Para o esoterista, o problema de a alma ser mortal ou imortal não constitui um assunto de controvérsia, pois os dois pontos de vista contêm elementos da verdade. Assim que, por intermédio da alma, o espírito leva a figura corporal a executar determinada ação, o resultado dessa ação, por sua vez, se comunica à alma. Toda ação incorreta prejudica, portanto, a alma, isto é, danifica sua qualidade e limita a sua atividade. Tão logo um ato incorreto, portanto contrário à sua natureza original, a prejudica, quando a alma, segundo a linguagem popular, peca, isto é, quando ela é penetrada por reflexos culpáveis, esse dano deve ser neutralizado. A força anímica corrompida deve ser expulsa, "a alma que peca deve morrer".

Esse aniquilamento da alma pode se produzir de duas maneiras, isto é, em sentido particular e absolutamente individual durante a vida, e em sentido geral pela morte. Pode-se, durante a vida, graças às atividades justas, conscienciosas, purificadas, realizadas pela figura física, expulsar, purificar e renovar as forças e as substâncias da alma tornadas nocivas e mortais. No momento da morte, parte da alma pecadora se dissolve ao mesmo tempo que o corpo; outra parte continua na esfera terrestre, onde ainda tem uma função a cumprir.

O aniquilamento da alma durante a vida evoca a idéia de luta; atesta um combate contínuo, uma penitência diária, e o aluno compreenderá que esse aniquilamento da alma durante a vida tem uma significação extraordinária e representa enorme benefício. Descobrimos, assim, que o toque do homem celeste, delineado na mudança fundamental, implica um processo de renascimento tanto para a alma quanto para a figura corporal. Pela mudança fundamental, a alma torna-se a mediadora para um impulso libertador que é transferido para a figura corporal; o ato libertador que daí resulta purifica a alma e a torna apta a ser, por sua vez, animada pela alma superior da figura celeste do círculo sétuplo de Urano.

Se o candidato ao mistério cristão da sagrada Rosacruz conseguir realizar ainda em vida o aniquilamento da alma mortal, bem como a obtenção de uma nova alma, sabe que além do grande e maravilhoso benefício pessoal adquirido, uma grandiosa e nova possibilidade de oblação é, desse modo, criada a serviço de toda a humanidade. O novo ser sangüíneo pode ser empregado, assim como foi descrito, para irradiar a luz reveladora do amor divino neste mundo de trevas, para o resgate de muitos.

O Terceiro Círculo Sétuplo: Netuno

I

"Ao anjo que está em Laodicéia: Estas coisas diz o Amém, a testemunha fiel e verdadeira, o princípio da criação de Deus:

Conheço as tuas obras; que nem és frio nem quente. Quem dera fosses frio ou quente!

Assim, porque és morno e nem és frio nem quente, estou a ponto de vomitar-te da minha boca.

Pois dizes: estou rico e abastado, e não preciso de coisa alguma, e nem sabes que tu és infeliz, miserável, pobre, cego, e nu.

Aconselho-te que de mim compres ouro refinado pelo fogo para te enriqueceres, vestiduras brancas para te vestires, a fim de que não seja manifesta a vergonha da tua nudez, e colírio para ungires os teus olhos a fim de que vejas.

Eu repreendo e disciplino a quantos amo. Sê, pois, zeloso e arrepende-te.

Eis que estou à porta, e bato; se alguém ouvir a minha voz e abrir a porta, entrarei em sua casa e cearei com ele, e ele, comigo.

Ao vencedor, dar-lhe-ei sentar-se comigo no meu trono, assim como também eu venci, e sentei com meu Pai no seu trono.

Quem tem ouvidos ouça o que o Espírito diz às igrejas."

II

O círculo sétuplo de Urano, conforme foi exposto acima, refere-se ao desenvolvimento, ao nascimento da figura celeste da alma, tendo como característica básica o amor universal irradiante que ainda não podia ser manifestado no primeiro círculo sétuplo.

O amor universal do círculo sétuplo de Urano não constitui uma propriedade, porém é o próprio princípio da figura anímica. É a essência da alma que impulsiona e guia todo o restante e se manifesta como luz. A essência da alma renascida é amor, do mesmo modo que Deus *é* amor e não que *possui* amor. Esse princípio divino, na forma anímica do iniciado de Urano, torna-se uma estrela irradiante, a estrela do oriente que, luminosa, precede o aluno no caminho, abrasa sua alma e inunda sua forma corpórea. Uma nova força mágica se desenvolve, então, nesse estado: a magia da alma.

A característica da magia da figura física é a *realização* da idéia; a essência da magia da figura da alma é a *união de amor* com a idéia, e o aspecto mais elevado da magia da figura espiritual é *gerar* a idéia. Pode-se dizer que a magia da alma é a argamassa com a qual é preciso trabalhar. O aluno deve estar compenetrado da necessidade absoluta dos processos de regeneração completa da alma!

Por conseguinte, é bom compreender claramente os cinco processos de desenvolvimento dentro do círculo sétuplo de Urano:

– a iniciação de Mercúrio do círculo sétuplo de Urano faz o candidato "compreender" a doutrina universal divina como vibração de amor.

– a iniciação de Vênus faz que ele experimente a doutrina universal divina como vibração de amor.

– a iniciação de Marte faz que "atraia para sua vida" a doutrina universal divina como radiação volitiva de amor.

– a iniciação de Júpiter faz que "propague" a doutrina universal divina como força de amor.

– a iniciação de Saturno faz que "integre" o plano de Deus, a doutrina universal, como prana de amor em cada célula da alma e da matéria.

O grande edifício, sustentado por essa quíntupla ligação do amor universal, é indestrutível e capaz de desafiar qualquer tempestade da natureza terrestre; dessa forma, manifesta-se como a eternidade que, a serviço da Luz, irrompe no tempo.

Assim, conduzimos o leitor através do primeiro círculo sétuplo, o da figura física renascida, e através do segundo círculo sétuplo, o da figura anímica renascida. Ocupado com esses dois processos de desenvolvimento, ele descobre rapidamente "um novo planeta": Netuno, o Deus com o tridente, o Deus que possui, controla e exterioriza totalmente os três aspectos purificados e sublimados do homem.

III

O brilho resplandecente do círculo sétuplo de Netuno representa graça infinita e riqueza imensa; porém, quando os primeiros clarões de luz desse novo círculo sétuplo penetram no ser do candidato, apresenta-se ao mesmo tempo para ele um terrível perigo, perigo que poderia sustar os progressos posteriores. É necessária uma exposição pormenorizada para que se possa compreender a natureza desse perigo.

O sétuplo círculo de Netuno relaciona-se com a manifestação da forma espiritual. Isso significa que o poder criador universal, o *fiat* criador, a divindade imanente, vai nascer.

Como dissemos, a magia da figura espiritual se manifesta como o "gerar a idéia". Isso significa que nesse círculo o aluno retorna à ordem divina como "filho do Pai", com todas as conseqüências ligadas a esse estado. Daí resulta que o candidato aos mistérios já não caminha "pela mão de Deus", como no primeiro círculo sétuplo, já não vive do poder revelador da luz de Deus, como no segundo círculo sétuplo, porém ele mesmo concebe a idéia divina, visto que no círculo sétuplo de Netuno ele está em Deus. As palavras "Tu és chamado à liberdade" se aplicam mais do que nunca ao iniciado de Netuno.

Todos compreenderão que se trata aqui de um poder divino insondável que muito facilmente pode escapar a todo controle, a toda lei. Entretanto, o novo irmão que percorreu o caminho do renascimento, de baixo para cima, certamente já não será vítima desse perigo pois o passado ensinou que o mau uso da liberdade divina deve, natural e necessariamente, conduzir a uma queda profunda. Ele sofreu, até a mais recôndita profundidade de seu ser, as conseqüências de semelhante queda.

Portanto, o perigo que espreita o candidato é de natureza completamente diferente: é o perigo a que alude a carta a Laodicéia.

A forma espiritual é a primeira emanação reveladora do microcosmo e, na sua qualidade de primeiro e mais elevado portador da imagem da sublime centelha divina transcendente, é a mais diretamente tocada por essa centelha divina. A figura tríplice do homem se manifesta em e através de sua criação; a centelha divina mesma está fora dessa criação.

Ora, o novo irmão no círculo sétuplo de Netuno revivifica a figura espiritual e, com isso, entra em ligação direta e consciente com sua centelha divina, isto é, seu mais elevado princípio, provindo de Deus. Graças a essa ligação ele é, de tempos em tempos, afastado de seu campo de criação e de vida e elevado ao abstrato absoluto, portanto a um perfeito não-ser, tanto quanto a consciência terrestre possa compreender. Em conformidade com isso, a filosofia oculta diz que Netuno não pertence de fato ao nosso sistema solar, porém é uma porta para um êxodo divino, um desligamento do cosmo solar.

Eis por que o recém-iniciado que experimenta pela primeira vez essa liberdade absoluta do não-ser tem a tendência de nela perder-se, de nela narcotizar-se. Ele mergulha nesse infinito êxtase de riquezas... porém esse sono bem-aventurado o mantém afastado de sua tarefa, de seu cosmo, de sua missão criadora. É desse modo que a esfera de influência de Netuno muitas vezes provoca no homem desta natureza esse deslizar sonhador no abstrato, falso "desprendimento de tudo".

Contudo, a idéia deve ser implantada na figura anímica, abrasá-la num clarão de luz, conduzindo assim a forma corpórea para a construção, em livre maçonaria. É nessa construção direta, sustentada pelo Todo, que o candidato deve ser desligado do mundo inferior.

O falso "desprendimento de tudo" faz que ele descuide da construção, e aí ele se retira e se isola do mundo para se entregar ao devaneio e viver em um mundo idealizado. Esse perigo, compreensível e natural, aparece quando o iniciado de Urano entra em contato com o círculo sétuplo de Netuno, e a advertência da carta a Laodicéia se torna muito clara.

Conseqüentemente, o recém-iniciado de Netuno terá primeiramente uma luta a sustentar, no decorrer da qual lhe é recomendado não esquecer que Deus sempre se manifesta pela sua criação e sua criatura, e que é assim que ele evolui. Deus somente é Deus e prova sua divindade quando anima a idéia e a realiza, triunfando sobre as resistências encontradas.

IV

Não deixa de ser importante notar aqui que o homem ainda mergulhado totalmente na natureza terrestre e ainda não empenhado no caminho da regeneração no sentido esotérico, procurando, quando muito, expressar humanitariamente certo desejo de libertação, é inquietado, de tempos em tempos, pelas esferas anímica e espiritual de Urano e de Netuno.

Esse homem se esforça então por reagir. Um procurará expressar a força do amor universal – que não pode ser deste mundo – de uma maneira puramente terrestre, enquanto outro procurará se encerrar na idéia – a qual também não poderá corporificar-se na natureza terrestre. Além do mais, a idéia, não possuindo um puro espelho para nele se refletir sem ser desnaturada, poderia ser a causa de reações cheias de erros. Essas reações, por sua vez, seriam eventualmente responsáveis pelo obscurecimento negativo, mediunidade ou perturbação psíquica.

O iniciado de Urano enobrecido para a esfera de Netuno não será, evidentemente, vítima desse estado negativo. Nem a mediunidade nem a loucura poderão atingi-lo. Entretanto, se ele se perde no não-ser, ocorre o que a carta a Laodicéia denomina "frio e morno".

Quando a figura espiritual no círculo sétuplo de Netuno é inflamada pelo espírito que emana de Deus, um fogo dinâmico se manifesta: é o nascimento da idéia. Esse nascimento dispõe de um poder irradiante que se evidencia por calor extremo. Esse calor se manifesta como luz da alma na figura anímica e finalmente irrompe como necessidade abrasadora de açao pela figura corporal. Na terminologia rosacruz, isso significa que, segundo a idéia abstrata, a rosa do coração é incolor, fulgurante, pura e branca, porém de acordo com a idéia realizada, ela tem um tom vermelho-alaranjado, simbolizando a ígnea vontade de agir para salvar o mundo.

Laodicéia exprime "a revelação de tudo quanto está oculto", a posse de tudo quanto se acha oculto. Pode-se, igualmente, interpretar isso como: ter feito uma auto-análise ou ter alcançado o conhecimento do verdadeiro eu. Na referida carta do Apocalipse lemos que a palavra é dirigida ao aluno pelo "primogênito da criação de Deus", denominação mística do hierofante de Netuno, que lhe diz:

"Conheço tuas obras... não és frio, nem quente... Mas porque és morno" (visto que te perdes na idéia abstrata), "vomitar-te-ei da minha boca. Dizes: Sou rico... Adquiri muitos bens... De nada preciso". Naturalmente existe um grande tesouro graças à sublime ligação com a centelha divina. "Não sabes, portanto, que és desgraçado, miserável, cego e nu" porque negligencias tua mais elevada vocação, o objetivo de tua criação. O homem é destinado a se tornar Deus, é destinado a ser semelhante a Deus... e já descansas antes de haver começado! "Aconselho-te que de mim compres o ouro apurado no fogo... a fim de que sejas rico..." O ouro do Espírito não se converte em metal nobre senão quando forjado no fogo radiante da alma, com o martelo da ação. O hierofante do círculo sétuplo de Netuno se encontra à porta e bate. Que o aluno iniciado possa escutar essa voz e abrir a porta. O hierofante do mistério maior virá a ele e com ele celebrará a santa ceia. O Pai deu as boas vindas a seu filho perdido e restabeleceu todos os seus direitos.

O mistério iniciático cristão da sagrada Rosacruz para a nova era tornou-se realidade. O iniciado de Netuno sobe ao trono. Ele é um irmão da rosa branca e mediante o universal sacrifício de amor ele a colore de vermelho alaranjado.

Que aquele que tem ouvidos ouça o que o Espírito dos sete candelabros de ouro diz às igrejas!

V

Assim, o novo Irmão da Rosacruz ostenta as sete estrelas dos três círculos sétuplos na mão direita. Sua tríplice figura celeste foi despertada e levantou-se do túmulo. O aluno no primeiro círculo sétuplo é salvo segundo a natureza; no segundo círculo sétuplo obtém a posse da vida iluminada; no terceiro círculo sétuplo retorna à ordem divina – à casa do Pai.

Mediante três vezes cinco processos de desenvolvimento, guiados pela Hierarquia de Cristo e pelo Espírito Santo Sétuplo, a grande obra foi coroada. O aluno chegou ao fim da senda da livre automaçonaria após vinte e uma iniciações “no interior do círculo de doze”.

É desse modo que o Irmão do grau trinta e três toma parte na Santa Ceia!

Os Aspectos Esotéricos do Novo Homem

I

Coincidindo com o término da Segunda Guerra Mundial e o início de um novo e prolongado caos com aspectos angustiantes, a Escola Espiritual dos Hierofantes de Cristo, conhecida como a Fraternidade Rosacruz, intensificou sua atividade no mundo a fim de colocar a parte da humanidade que no campo esotérico parece estar madura para a colheita em presença do mistério iniciático cristão da sagrada Rosacruz para a nova era.

Nas páginas precedentes foi apresentado, a todos quantos têm "ouvidos para ouvir e olhos para ver", um esboço desse mistério de iniciação, em uma linguagem suficientemente clara, isto é, para aqueles que estejam enobrecidos para isso e possam ser conduzidos para a boa vereda. Nos anos vindouros, esse mistério iniciático será anunciado por toda parte, através da palavra, através da literatura, àqueles que se esforçam por encontrar a Luz.

Contudo, existe o perigo, para aqueles que têm conosco parentesco espiritual e aceitam de boa vontade e com alegria essa maneira de ver, de admitirem os principais aspectos do novo mistério iniciático apresentados, mas continuarem a tatear nas trevas, sofrendo as numerosas e muitas vezes graves conseqüências daí decorrentes. O leitor conhece agora os principais aspectos do novo caminho proposto. Nada de divisão da personalidade nem de cultura da personalidade, como foi o caso entre os antigos, porém uma transmutação da personalidade, um renascimento estrutural completo, o declínio da existência humana segundo a natureza e a tríplice revivificação do homem celeste. Tal é a importante e sublime missão do homem que se empenha no novo campo de vida gnóstico.

E, em relação a esse caminho, existe ainda uma série de conseqüências, o que é evidente. Entretanto, é muito possível, levando-se em conta as disposições espirituais e físicas do homem biológico, que os alunos não possam ver certas conseqüências fundamentais. Eis por que é já indispensável neste estágio preparatório uma limpeza para abrir caminho à verdade.

Quando Cristão Rosacruz é convidado, na véspera de Páscoa, para suas núpcias alquímicas, ele constata, muito lealmente, que a forma da convocação, sua natureza e seu objetivo, são absolutamente diferentes daquilo que ele havia imaginado. Quando, mais tarde, entra no templo de iniciação, encontra-o repleto não só de especuladores espirituais, mas também de "reis", isto é, de magos e de sábios poderosos! E ele se sente pequenino, tão indigno desse lugar, que se sente envergonhado. Mas, após experimentar, como um dos muito raros, senão o único, a ligação das núpcias espirituais, e muito tempo depois que esses poderosos reis desapareceram de suas vistas, Cristão Rosacruz escreve a célebre frase: "A soma de todo o saber é que nada sabemos".

Assim é que se pode deduzir do conjunto de *As núpcias alquímicas de Chistian Rosenkreuz* quão perigoso é fixar-se em um certo ponto de vista e ser demasiado conservador. O aluno deve estar, portanto, profundamente compenetrado de que a qualquer momento pode ficar evidente estar ele, em algum sentido, no caminho errado, e que, tendo avançado nesse caminho até um determinado ponto, tem o dever de voltar atrás, a fim de encontrar a direção verdadeira. É preciso que ele saiba que a todo momento um novo saber pode abalar suas antigas convicções. Toda autoconfiança é um perigo, um obstáculo no caminho.

O homem é surpreendentemente conservador (palavra que vem do latim *conservare*, que quer dizer reter). O que o homem uma vez alcançou, ele quer conservar, e isso é, na maioria das vezes, absolutamente errado. O homem que pesquisa evidentemente possui uma aquisição interior; conquistou-a, provavelmente após longos anos de angustiantes lutas. Tal posse talvez tenha nascido da noite dos tempos. Cada passo à frente pode ter sido um sofrimento. Não há nenhuma objeção a fazer sobre a imensa importância dessa evolução. As belezas de tudo quanto o pesquisador cultiva e deseja conservar são evidentes. Todavia, tudo isso pode constituir um obstáculo, obscurecendo-lhe a visão, e fazê-lo rejeitar a luz quando ela aparece. Quem tem a coragem, como Cristão Rosacruz, de seguir a *Virgo Lucifera* em sentido diametralmente oposto às suas próprias concepções e a tudo aquilo que esperava? No tocante a isso, aquele que, aqui, de antemão imagina ser rei ou autoridade, está perdido. Aquele que, seguro de si mesmo, negligencia ou despreza as conseqüências do novo caminho, não pode segui-lo.

O problema está claramente apresentado! Não discutimos a nobreza espiritual de nossos alunos, não zombamos de seu estado de ser. Trata-se aqui de um problema bastante simples, a saber: "os caminhos de Deus são diferentes dos nossos". Essas palavras de Isaías 55 não significam que o caminho da Luz é diferente do das trevas, pois isso é lógico. Essa sentença significa que a preparação para o caminho da Luz, que cada aluno explorou interiormente e de baixo para cima, não está naturalmente de acordo com as veredas e com as exigências do homem divino primordial.

Cristão Rosacruz, desde muitos anos, havia se preparado científica e estruturalmente para as veredas do Senhor. Foi sem dúvida, a esse respeito, um eloqüente exemplo para todos os seus alunos. Ninguém ousaria pretender que tal preparação tenha sido supérflua; muito ao contrário. Porém, vemos em Cristão Rosacruz que o caminho de Deus, para o qual num dado momento foi escolhido, provocou nele surpresa extrema, talvez mesmo desassossego, visto que tudo o que acontecia não concordava, em nenhum ponto, com sua minuciosa preparação. Esse é o problema! Com esse problema começa o livro *As núpcias alquímicas*, bem como o Evangelho de Jesus Cristo. E esse problema deve ser considerado pelo estudante se este quiser nele se aprofundar.

A partir do instante em que a Rosacruz desperta interesse na vida de um homem, ele empreende certa cultura em sua vida e aí procura, com maior ou menor sucesso, uma base elementar, a fim de tornar possível essa cultura. O impulso espiritual da reminiscência o agita interiormente e, em relação à Escola Espiritual e à vida, leva os poderes esotéricos que nele dormitam a determinado desenvolvimento, conforme for possível atingir num dado momento. Além disso, ele adotará, igualmente, um comportamento em relação à vida que não esteja em contradição com a finalidade e a natureza do caminho.

Conseqüentemente, seus veículos acabarão por demonstrar alguns aspectos esotéricos: seus sentidos, por exemplo, tornar-se-ão mais sensíveis, a faculdade mental mais flexível. Em suma, todas as atividades da vida adquirem base mais ampla, e disto dão testemunho.

Em todos os alunos sérios reunidos na antecâmara da Rosacruz evidencia-se mudança de vida e de natureza, naturalmente em harmonia com seu estado de ser. Isso é muito auspicioso, e os obreiros do círculo de Júpiter têm constantemente oportunidade de rejubilar-se quando observam semelhante transformação em um dos seus irmãos espirituais. Do mesmo modo se entristecem com o fato de não serem melhores as possibilidades de desenvolvimento de alguns outros.

Não é menos verdadeiro, entretanto, que todo o desenvolvimento preparatório que teve início com o impulso espiritual da reminiscência, encorajado pela religião, filosofia e ciência esotérica, é loucura diante de Deus. Isso quer dizer que, sob certos aspectos, a soma e a qualidade do desenvolvimento em questão não têm nenhum significado para o homem celeste, divino. E o fato é que se alguém, num dado momento psicológico, permanece aferrado à cultura de sua ilusão, fecha, ele mesmo, a porta para o sucesso.

Há, portanto, uma nobre aquisição interior e uma vida interior que, num dado momento, devem ser abandonadas. Essa vida é preciso querer perdê-la, a fim de encontrar a nova vida. Essa é a loucura da Rosacruz! É, portanto, indispensável descobrir a causa dessa loucura.

Essa causa reside no fato de que a tríplice idéia que os homens manifestam segundo a consciência, a alma e o corpo, não pode, de forma alguma, ser reconciliada com o verdadeiro aspecto tríplice do homem celeste, o divino, não importando se o padrão de vida estiver acima ou abaixo da norma média de desenvolvimento.

Em nossa opinião, deveis aprender a assim considerá-lo: no começo, o homem resplandecia em glória, como perfeito filho tríplice de Deus; porém esse homem divino primordial já não pode exprimir-se, nem segundo o espírito, nem segundo a alma e nem segundo o corpo, no campo de vida onde atualmente habita a humanidade. Em conseqüência, o homem não é sequer uma caricatura da realidade – ele está abaixo desse nível! Os homens são fenômenos vitais que não têm neles, senão aproximadamente, algo do estado humano original. E seria exagerar ou enfeitar a realidade se comparássemos a diferença que existe entre o homem atual e o homem original com a diferença existente entre um aparelho de rádio mal sintonizado e o locutor do estúdio. O locutor não é o aparelho, e o aparelho não é o locutor. Através do rádio, ouve-se simplesmente uma voz, a voz de um ser humano que chega até nós, graças a uma aparelhagem eletrônica. O homem que produz a voz não faz parte do aparelho.

Ora, a construção biológica, o ser humano, já não está em condição de nos transmitir a voz do filho original de Deus, nem mesmo com o auxílio de repetidos sinais! O filho de Deus, agrilhoado, de modo nenhum pode controlar ou influenciar sua construção biológica atual, o ser humano. Pode-se dizer que o ser humano, ao nascer, no máximo, recebe uma imagem muito apagada de seu ser celeste. Certos homens trazem consigo, quando muito, se assim podemos dizer, uma impressão fotográfica de seu verdadeiro ser, uma imagem apenas visível. Isso é tudo!

Essa conclusão e algumas conseqüências inevitáveis não constituem novidade. Platão e Pitágoras ensinaram a mesma coisa. Paulo, que era um iniciado, sustenta que existe uma manifestação humana na matéria corruptível, e ao mesmo tempo outra, uma manifestação humana eterna em substância incorruptível. E o grande iniciado, Tiago, é ainda mais explícito a respeito do que tentamos fazer compreender ao leitor. Tiago diz que a sabedoria do nosso ser inferior é terrestre e demoníaca, e que existe uma outra sabedoria que é oposta, de natureza celestial. A sabedoria dos homens é loucura perante Deus.

Todos nós somos bastante inclinados a identificar o intelectualismo e seus mórbidos resultados com a "sabedoria dos homens", não obstante a linguagem sagrada medir com a mesma medida toda sabedoria, inclusive a sabedoria esotérica segundo a natureza. E não poderia ser de outro modo, visto que o ser superior, na fase atual da existência humana, não tem mais nenhuma ligação com o ser inferior, e que este ser inferior traz em si, no máximo, uma fotografia, uma projeção, uma fraca imagem desse outro ser superior. Eis por que toda sabedoria dialética, tanto a intelectual como a esotérica, é loucura para o homem divino. E é conscientemente que a Rosacruz moderna combate os aspectos esotéricos do homem terrestre e os seus resultados.

É falso dizer que o "eu", atualmente ligado ao ser humano inferior, encontrará, em dado momento, seu ser real e nele se fundirá. Não, o verdadeiro "eu", a verdadeira centelha divina, se encontra no ser real, e é essa verdadeira centelha divina do ser celeste que deve ser libertada do "eu" do homem terrestre. Portanto, o que ocorre é que invertemos as coisas: o homem terrestre que quer ser libertado deve ser aniquilado! O Outro, o homem celeste, deve crescer; o homem terrestre deve diminuir!

Isso se realiza pelo auto-esvaziamento, pela autonegação, pela autodestruição, pela auto-renúncia, pela anulação total do ser humano dialético, com auxílio da Hierarquia de Cristo, que nos dá a força para isso. Realiza-se atacando cientificamente, com o propósito de destruir, todos os nossos pontos de apoio, idiossincrasias alimentadas e crenças consagradas; em outras palavras, todas as nossas ilusões. Realiza-se, reconhecendo a incapacidade de todos os supostos poderes superiores do homem terrestre e do potencial de magia a eles relacionado, os quais podem ser sempre explicados pelo seu passado natural. Realiza-se, tal como um penitente, como um monge mendicante, como um precursor, quando libera as veredas ao verdadeiro homem divino, repetindo, como João, o Batista: "Ele deve crescer, eu devo diminuir".

Tal processo pode ser realizado somente quando o velho homem "coloca sua cabeça no cepo". É dessa oblação que nasce o homem celeste. Não é o "eu" que recebe o homem celeste, ou o homem celeste que "me" recebe, mas é pelo meu desaparecimento que "eu" abro caminho ao filho de Deus. Isso, naturalmente, representa um processo. À medida que um ser desaparece, o outro deve despertar. Por isso muitos perigos espreitam agora o aluno nesse caminho. Ele corre o perigo de tomar os frutos do velho Adão pelos do novo Adão e deles cuidar. A velha natureza é astuciosa, e o homem aferra-se de bom grado àquilo que ele tanto gostaria de conservar.

Sede prudentes, pois poderia acontecer que aqueles a quem evitamos como prostitutas e publicanos nos ultrapassem no caminho da libertação! Como os homens são escravos da lei! Todos sabem exatamente o que é ou não é permitido! Todos sabem aconselhar uns aos outros tão bem! Todos têm à sua disposição um conhecimento de primeira mão e a sua clarividência – um claro isto e um perfeito aquilo.

Porém nós vos dizemos: tudo isso é nada; pelo menos é inadequado. O alcance espiritual do estado dialético do homem é insuficiente. O conhecimento, a visão e os poderes humanos segundo a natureza são limitados; e isso é posto em evidência nos evangelhos. Em todos os instantes psicológicos, quando é chegado o momento crítico, quando se trata de "tudo ou nada", os discípulos de Jesus falham em sua missão. Eles não compreendem, não vêem e nem escutam.

Poderia esse fenômeno ser atribuído à simplicidade dos discípulos? Podemos, entretanto, garantir-vos que se tratava de entidades muito cultivadas, mas o Evangelho quer fazer-vos compreender que a sabedoria dos homens e suas conseqüências são insignificantes quando se trata das exigências e da realidade concernentes ao homem celeste.

Quando João Batista já se encontra na prisão, à espera da execução, envia uma mensagem a Jesus com a pergunta: "És tu aquele que deve vir ou devemos esperar por outro?" Compreendei bem essa pergunta! Não se trata aqui de dúvida, de vacilação, porém essa pergunta é suscitada para fazer compreender ao aluno que a soma de sua cultura espiritual segundo a natureza é insuficiente quando se refere ao outro.

Em virtude de seu estado inferior, os homens caminham em dilemas, e nada pode mudar essa situação, nem mesmo um suposto desenvolvimento esotérico. Mas então, como ensinam certos místicos, esse conjunto de sabedoria, essas reformas, a soma de nossas experiências e de nossas aspirações em direção à Luz, tudo isso seria inútil, supérfluo? De modo algum, pois tão logo a força espiritual da reminiscência (essa fraca projeção do ser celeste no ser inferior) seja inflamada na consciência interior do homem e o impulsione, ele já não terá sossego e não poderá abster-se da procura. Ele, então, perseguirá, com zelo, a sabedoria, a força e a beleza. Nesse momento, o fogo divino abre-lhe sulcos, aflige-o, e ele tenta responder a esse impulso.

A cultura surge em sua vida, ele restringe cada vez mais o que é mais especificamente animal. Ele se acredita o herói que avança para o assalto ao Olimpo. Vem depois uma pausa, as dificuldades o sufocam e o círculo se fecha. O aluno se converte em "habitante da terra limítrofe", um habitante de Éfeso. Não pode ultrapassar essa linha divisória, que é como um muro. E, de modo figurado, ele pensa: é um "círculo de giz", e salta, apenas para ser repelido.

Finalmente, o sofrimento o purifica e o fortifica para o sacrifício e faz que ele veja o seu limite estrutural. E tendo ele sido inflamado em Deus consoante a natureza, deposita totalmente seu ser-eu no sepulcro do tempo e aniquila-se em Jesus, o Senhor, a fim de permitir que o verdadeiro homem se eleve em sua glória.

O que recebeu de Deus e construiu, segundo o ser natural, ele enterra com o seu "eu" na tumba da natureza, a fim de que, crescendo no Espírito Santo, chegue à transmutação da sua personalidade.

A Solidão do Novo Homem

I

Torna-se agora evidente, através da primeira conseqüência, que o mistério iniciático da Ordem da Rosacruz, tal como se nos apresenta nesta época, exigirá de cada um o sacrifício total do homem segundo sua manifestação dialética.

Nenhum estudante da linguagem sagrada que ouça essa condição ficará alarmado, pois ela é familiar ao homem acostumado a meditar sobre os mistérios cristãos, e, além do mais, desde que esteja habituado a se orientar de maneira esotérica, a idéia de "auto-sacrifício" parece-lhe natural. Quem, entre aqueles que lutam no caminho, não compreenderia que o melhor que vive nele e está nele como amor, força e aspiração pela Luz, deve ser consagrado e oferecido ao mundo e à humanidade?

A teoria, a beleza e o valor de tal comportamento são inatos no homem que se esforça. Para muitos, essa maneira de ver tornou-se uma necessidade vital; não poderiam ser diferentes! Trabalhar em benefício dos outros é como um alento: não poderiam viver fora de tal atmosfera. A vida, voluntariamente devotada a serviço da humanidade, é tarefa pesada, muito freqüentemente pesada demais e muito ingrata; ela caminha, quase sempre, a par com o sofrimento. Porém, os devotados a esse gênero de trabalho almejariam outra coisa? Não, certamente! Não haveria no fundo de seu ser a consciência de que esse sacrifício terá sua recompensa? Sem dúvida, eles não estariam primeiramente buscando uma recompensa, pois o amor aos homens é a motivação central em seu ser, porém talvez antes julguem a recompensa como natural, tão evidente que, em realidade, não se demoram pensando nisso.

"É mais ditoso dar do que receber", diz o Evangelho. Mas, como sempre, também esse receber está assegurado, é uma lei! É a recompensa que resulta de toda atividade na vida. A sabedoria antiga, a linguagem sagrada, dá inúmeras provas disso. Quando, pouco importa onde, uma alma humilde se devota ao serviço dos homens, no altar do amor da humanidade, surge uma bênção que pode ser mística, esotérica, sim, mesmo muitas vezes material e perfeitamente em concordância com o seu estado de ser.

Há, entretanto, desde algum tempo, alunos sérios que passam por experiências bem singulares que, aliás, não constituem novidade. Elas vêm se repetindo no decurso dos dois últimos milênios; mas o fenômeno é atualmente mais freqüente e consideramos que dentro de algum tempo poderemos falar dele como algo comum.

O referido fenômeno se manifesta pela ausência de recompensa espiritual, que deveria ser a conseqüência natural do sacrifício pessoal a serviço dos homens. Muito daquilo que os pesquisadores, no correr dos anos, haviam contado tornar-se um ganho espiritual, lhes é arrebatado em tais circunstâncias. Esses homens são, progressivamente, com rigor científico, impelidos até o fundo do poço do isolamento; e é esse o ganho! Ao invés de uma iluminação espiritual, surge uma nova limitação, uma nova carga: esse é o benefício! Estar tão solitário, que não se tem palavras para exprimi-lo.

Dois alunos se encontravam, há anos atrás, numa enfermaria. Um deles estava gravemente enfermo de moléstia cardíaca, conseqüência de seus esforços na senda do serviço. Conversavam acerca da solidão à qual estavam sujeitos em razão de sua ligação com a Fraternidade. E consideravam quais seriam as intenções da Fraternidade ao mergulhar o aluno tão profundamente na solidão como recompensa de uma tarefa a cuja realização dedicava-se inteiramente. Isolamento tal que nenhum laço de amor, seja da natureza, seja do espírito, poderia rompê-lo. Isolamento tão completo que a voz de um amigo soava como se fora o ranger das rodas de um carro.

Esses alunos, chegados a esse ponto de suas reflexões, não atinavam com solução alguma. O cardíaco, com olhos que já não viam, fixando o vácuo cinzento, não foi capaz de suportar mais. Caiu de seu leito com um grito e com o coração despedaçado; seu amigo recebeu-o, sem vida, em seus braços. Morreu com o coração despedaçado – recompensa de uma vida inteiramente devotada a Cristo! Quantos poderiam suportar esse fardo se a Luz seguisse esse caminho com eles, através da solidão, do sofrimento e da morte? E, no entanto, essa é a oblação do homem como um todo, segundo sua manifestação dialética.

Chega um momento, na marcha das coisas, em que o resultado da bondade, da verdade e da eqüidade segundo a natureza não pode ser aceito pelos hierofantes. A recompensa resultante do comportamento do homem dialético é, talvez, suficiente e capaz de criar uma espécie de pequeno paraíso do outro lado do véu;

porém é desesperadamente insuficiente como base para alcançar a ordem divina das coisas. As antigas escolas espirituais, que eram capazes de ajudar seus alunos baseando-se nesse ganho espiritual dialético, estão superadas nos tempos atuais.

O que o homem procura na Rosacruz? A segurança em Cristo no além, quando entrar nos vales da morte? Se é isso que ele procura, melhor faria dirigindo-se para uma das inúmeras igrejas existentes! Estaria ali bem à vontade. Deseja, talvez, tornar-se consciente nos domínios superiores, no campo de vida etérico, no mundo dos desejos ou no mundo mental deste estrato de vida? Se é para tais coisas que seu interesse se inclina, então na moderna Rosacruz ele está em endereço errado!

O aluno rosacruz da nova era quer ser um cristão consoante a significação essencial dessa palavra, o que quer dizer que ele quer seguir o caminho de volta para a ordem divina original das coisas. Quer retornar a esse reino de Luz perdido, quer retornar ao estado do homem primordial!

Certamente o leitor já tomou conhecimento, neste livro, desse objetivo. Sabe, todavia, que a Ordem dos Maniqueus foi exterminada por Agostinho e seus seguidores, em razão das conseqüências inerentes a esse objetivo? Que a Ordem dos Albigenses foi aniquilada pelo Papa Inocêncio III e seu exército de 50.000 homicidas durante os anos de 1208 a 1244?

Sabe, ainda, que na Holanda, no século XVII, por aspirações semelhantes, a Rosacruz foi perseguida, seus adeptos banidos, aprisionados e assassinados, dessa vez, para variar, pelos nossos antepassados calvinistas?

E não seria apropriado pensar nos acontecimentos de 1940 a 1945? Por que, durante esses anos, os órgãos da Rosacruz na Europa – e sobretudo na Holanda, onde sua posição era mais forte – foram espoliados e seus obreiros perseguidos e ameaçados de morte, sem exceção, pelos nacional-socialistas.

Para morrer em Cristo e ser levado, a seu devido tempo, para um mundo celeste do além, não há necessidade do sacrifício total do homem segundo seu ser dialético. Um pouco de moral e de religião, desejados com seriedade, satisfazem plenamente o propósito.

É fácil progredir segundo os métodos esotéricos do passado. Toma-se um pouco de cultura aqui, uma pequena modificação noutro ponto, naturalmente também a moral e a religião, e, evidentemente, um pouco de ciência; finalmente, no momento desejado e de preferência num grupo esotérico, certo número de exercícios fazia o esoterista evoluir nos domínios superiores.

E assim o esoterista, medido pelos padrões do passado, podia dispor de conhecimento e de grande potencial mágico, e chegar a certo grau de iluminação. Para esse fim a oblação integral do homem, conforme sua manifestação dialética, não era necessária. Tal pessoa evoluiu, portanto, em sua qualidade de esoterista, do passado até seu presente estado de ser.

Pode-se, em seguida, eventualmente acrescentar a esse estado de ser um pouco de filosofia rosacruz ou de verniz crístico. É possível que tudo quanto estas páginas revelam venha ao encontro de uma reminiscência subconsciente, de tal teor que alguns sintam ligação com isso e pensem haver alcançado o Tao.

Mas quem quer que sejais, o que quer que sejais e como quer que sejais, a Rosacruz e suas exigências são muito diferentes!

Há um aspecto do mundo atual que apresenta uma grande analogia com o mundo dos antigos gregos, aos quais Paulo fala no Areópago. Existe também no mundo uma religião com múltiplas subdivisões, contando com milhões de crentes sinceros. Essa religião é muito cultivada, porém a ela faltava, e ainda falta, um "elo". Os antigos gregos tinham a convicção íntima dessa carência e erigiram uma estátua dedicada ao Deus desconhecido. Paulo pôde, portanto, tomando esse elo como ponto de contato, levar a cabo a sua missão.

Os homens religiosos de nossos dias, e sobretudo os que fazem profissão do esoterismo, demoliram a estátua do Deus desconhecido, visto que eles se imaginam possuidores do elo que falta. O Deus desconhecido eles o chamam, por exemplo, de "Deus manifestado em Jesus Cristo". Porém esse Deus lhes é do mesmo modo desconhecido, como nos tempos dos antigos gregos. Sua manifestação não é compreendida e Jesus Cristo é somente uma palavra. O estado presente desta ordem mundial demonstra amplamente a verdade do que adiantamos.

Que pretende e o que propõe, então, a Rosacruz? A Rosacruz pretende e propõe o Logos, até hoje ainda desconhecido, um Deus pelo qual dezenas de milhares de homens já verteram seu sangue e um processo para o qual rios de sangue santo já correram. Qual processo? Um processo que se resume na idéia: Jesus e a ressurreição! É o processo mediante o qual, pela tríplice demolição do ser dialético total, o verdadeiro homem divino, tal como ele era no princípio, ressuscita do túmulo da natureza no terceiro dia. Isso quer dizer que no fim do terceiro círculo sétuplo, como cidadão de Cristianópolis, como cidadão da ordem divina, ele ressuscita. É o processo de que Paulo dá testemunho nos Atos dos Apóstolos, Capítulo 17, 29-31 (nós vos damos a citação, segundo a interpretação da Rosacruz):

"Portanto somos de linhagem divina, porém não devemos supor que essa divindade possa ser justificada pelo mais nobre espírito, o ouro, ou pela mais pura alma, a prata, ou pela corporalidade mais perfeita, a pedra, compreendidos segundo esta natureza. Deus, considerando os efeitos dessa ignorância, anuncia agora a todos os homens que se convertam (que invertam seu rumo), pois na marcha das coisas está fixado o momento em que cada um será julgado, segundo seu estado de ser, em relação com um protótipo representado nesta natureza por um homem escolhido para isso. E Ele dará a todos a certeza, ressuscitando esse homem da morte pela transformação."

O conceito de "conversão" foi mal interpretado durante muitos séculos. Ele foi encarado como uma letra de câmbio sacada para a eternidade, tendo sido compreendido exclusivamente segundo a natureza. Podemos conceber que, na marcha eterna das coisas, transformações se manifestarão no mundo, às quais a humanidade deverá se adaptar. Pode-se compreender que essas transformações apresentarão certas condições fundamentais às quais o homem deverá satisfazer, segundo a consciência, a alma e o corpo.

Paulo, por conseguinte, faz alusão a uma alteração científica no mundo, que certamente virá, a um momento psicológico na manifestação do universo em que a humanidade não ressuscitará como por milagre, ao qual se assiste, estupefato, com olhos que não vêem; porém faz alusão à época em que o homem já deverá existir em estado de ressurreição.

Jesus e a ressurreição! O homem celeste ressuscitado no terceiro dia, regenerado depois de um tríplice processo, graças ao aniquilamento do que foi sua natureza.

Jesus, a ressurreição pela cruz! O sacrifício total do sangue segundo a natureza a fim de libertar o homem celeste. Essa é a Rosacruz vermelha!

Não um determinado enigma da existência a ser pregado na cruz. Não uma certa deficiência a ser pregada na cruz. Nem a transmutação de uma certa parte de nosso ser. Mas a crucificação da mais nobre consciência, da alma mais pura e da corporalidade mais sã, compreendidas segundo a natureza. É isso o que propõe a Rosacruz vermelha!

Que insensatez! Que cúmulo de tolice! Esse autor é um fanático!

"Estás louco, Paulo!", diz o governador Festo. "O teu muito saber tira-te o juízo."

"És um blasfemador", declara o Sinédrio a Jesus. E lhe batem no rosto.

"Mani é um impostor", acusa Agostinho.

"Matemo-lo", gritam os seguidores de Agostinho. "À fogueira com suas obras!"

"Albi é um foco da mais perigosa e repulsiva heresia!", declara o Papa Inocêncio III.

Jesus, a ressurreição e a cruz! Mas, por que ela é tão perigosa? Por que Jesus e seus adeptos foram classificados como malfeitores?

Por causa das formidáveis conseqüências decorrentes dessa tríplice missão. A apreciação pura, objetiva, afirma sem rodeio, como Pilatos: "Nada encontro de culpável neste homem", mas subjetivamente o grupo representado pelas autoridades religiosas naturais, ativo e dirigente do mundo, supõe-se desmascarado, atacado e ameaçado em sua existência.

O cristianismo positivo emite um julgamento sobre este mundo, sobre nosso campo de vida, sobre o conjunto de nossa constelação espiritual e corporal. E logo que um homem enfrenta as conseqüências em que esse julgamento implica, atacando desse modo os fundamentos da existência do mundo, isso é encarado, em alguns círculos, como perigo de extrema importância.

O Estado, como idéia, instituição, tanto quanto saiba o autor, nunca empreendeu ação contra o Cristo e seus adeptos por iniciativa própria. O Estado, quando muito, considerou-os loucos. Foi sempre a Igreja que atacou os filhos de Deus. E quando a Igreja não possuía força suficiente para pronunciar e executar seus próprios julgamentos, sempre fazia intrigas junto ao Estado, fazendo uso de seu poder como um instrumento para servir a seus propósitos. O exemplo clássico "Pilatos – Sinédrio" inúmeras vezes vem se repetindo no decurso da história do mundo. Muitos, entre os quais o bem conhecido escritor H.G.Wells, consideram como provado que a Igreja de Roma pretendia fazer uso dos fenômenos do nazismo e fascismo, no encalço de seus desígnios.

Jesus, a ressurreição e a cruz! O aluno que percebe o perigo inerente a essa tarefa constrói para si mesmo, a exemplo de Cristão Rosacruz, um sepulcro templário, sepulcro que pode ser dividido em três partes. Nesse sepulcro templário ele deposita voluntariamente todo o seu ser segundo a natureza, numa firme e positiva resolução: "Desse compêndio do universo, fiz para mim, em vida, um sepulcro".

Por quê? Porque a figura celeste, o redentor simbolizado por Jesus, é tudo para ele!

Porque, em razão desse aniquilamento, não é mais necessário que exista uma separação entre o espírito decaído e seus veículos celestes!

Porque ele suspira neste mundo sob o jugo da lei da decadência!

Porque ele tem consciência da perfeita liberdade que o Evangelho divino faz vislumbrar!

Porque a glória do homem divino, uma vez reconquistada, será intangível!

E, de conformidade com isso, lemos na *Fama Fraternitatis Rosæ Crucis*:

"No centro, em vez de uma lápide, havia um altar circular coberto por uma plaqueta de latão, que trazia a seguinte inscrição: 'Desse compêndio do universo, fiz para mim, em vida, um sepulcro.'

O primeiro círculo ou anel estava rodeado das seguintes palavras: *Jesu mihi omnia* (Jesus é tudo para mim).

Em seu centro havia quatro figuras, cada uma delas encerrada num círculo, ao redor das quais estava escrito:

Nequaquam vacuum (Não há espaço vazio),
Legis jugum (O jugo da lei),
Libertas Evangelii (A liberdade do Evangelho),
Dei gloria intacta (A glória de Deus é intangível)."

Tudo isso é claro, é evidente: a águia do espírito fende o espaço e preenche o universo; o boi laborioso puxa o arado, revolvendo a terra dura na luta pela existência inferior; o leão de Judá ruge à entrada do templo da iniciação e o homem celeste, como que alçado por asas, eleva-se, precipita-se em direção à aurora. Dei gloria intacta! Jesus, a ressurreição e a cruz! O sacrifício do homem total, segundo sua manifestação dialética!

Esse tríplice processo, essa demolição voluntária do velho templo, essa morte consciente na sepultura da matéria e esse renascimento no terceiro dia, essa construção do novo templo em três dias, é a missão que o aluno deve realizar na solidão, no triste isolamento da sepultura da natureza, na Patmos da mudança fundamental. "Trabalhai pela vossa salvação, com temor e tremor."

A Livre Automaçonaria do Novo Homem

I

Nesta ordem mundial dialética, dois pontos de vista, duas orientações, se defrontam face a face. De um lado vemos os agrupamentos religioso-ortodoxos com sua declaração: o homem não é nada e o mundo está nas mãos do maligno – é do além que a felicidade eterna acena. Por outro lado, vemos o humanitarismo com sua policromática mescla de aspectos religiosos, ateus e esotéricos, aspectos políticos e sociais, afirmando que o homem é bom, e o mundo é bom, que não se tem senão resistências a vencer, deformações a corrigir. De uma parte, o mais limitado conservadorismo, de outra, o elemento progressista.

"O mundo está nas mãos do maligno", assim pensa e declara o homem conservador. "Ah! – mas Deus precipitou o mundo no mal – por conseguinte, nenhuma mudança fundamental pode ser levada a efeito, pois esta ordem é compreendida como punição de nossos pecados. Ordem na desordem é contra a vontade de Deus! Ordem na desordem... isso nos reconciliaria com alguma coisa que não está incluída no plano divino. Portanto, do jeito que está, está bem."

Dessa forma, se alguém se encontra na penúria neste mar de lágrimas, e se um outro tem um lugarzinho quente e confortável neste mundo indiferente,

Deus assim o quis! Se um terceiro arrasta-se em andrajos, em profundo atraso social... Deus assim o quis! Ou se um quarto, doente, debate-se em meio de horríveis sofrimentos físicos... é punição pelos seus pecados... Deus assim o quis!

"Não", declaram e demonstram os outros, "o homem é bom e o mundo é bom... Foi assim que Deus determinou! E se isso não é como Ele pretendeu, então um demônio se apoderou deste mundo e Deus não existe! O egoísmo e a força da ignorância, a desordem econômica e social, a transgressão das leis elementares da vida são as causas da desordem.

Afiai as foices e as segadeiras e... avante! Combatei a pobreza e a estupidez, o crime e a prostituição, as guerras e tudo o que aflige o mundo e a humanidade, com a justiça social e a igualdade econômica, com o auxílio a todos, com os pensamentos humanitários, com as belezas da arte e a consolação que nos dão um novo desabrochar místico segundo o espírito, a alma e o corpo."

Que os grandes ideais da humanidade dos últimos séculos animem a juventude! E que os poetas cantem seus hinos, seus poemas dedicados à Luz que virá, inevitavelmente, e à aurora que já desponta:

Vinde, apressemo-nos;
o canto mágico continua.
Ele repercute através das terras,
dos mares e da noite.

As cabeças se aprumam, os fatigados e os oprimidos recuperam a confiança. Eles levantam suas bandeiras e se põem em marcha... e milhares se sobressaltam ouvindo os passos dessas legiões. Como há ainda beleza...

heroísmo no vale crepuscular da natureza terrestre! Percebeis as poderosas forças aqui adormecidas, que podem despertar e se fazer ouvir sobre este mundo, graças a esse impulso para a bondade, a verdade e a justiça? Assim como por um lado a consciência vive na idéia de que tudo está perdido, por outro lado existe também esse desejo indestrutível, dinâmico, que pode, tal como um vulcão, exteriorizar-se por atos, elevar a cabeça acima dos nevoeiros cinzentos e gritar para o mundo: "Vinde conosco, companheiros, ao encontro do amanhecer!" Se compreendeis algo disso, por pouco que seja, tereis alguma idéia da grandeza do homem que, mesmo no inferno, prova sua origem, testemunha sua divindade. Ele pode estar perdido... contudo, no fundo, ele não deixa de ser filho... um filho de Deus!... E há aqueles que mesmo em seu estado de perdição demonstram a glória imperecível de sua filiação divina.

Quando, no início da Reforma, o poder mundial da velha Igreja foi destruído, as duas grandes tendências da vida estavam claramente visíveis no amanhecer dos novos tempos: a nova Igreja de Lutero e Calvino e o humanismo, personificado, por exemplo, pelo imortal Erasmo. E, ó maravilha, nesses primeiros tempos, os pólos da atividade estavam claramente trocados. A nova Igreja era revolucionária, ela introduzia o machado na raiz da ordem mundial em vigor, a ação – a atividade – era sua insígnia, enquanto que o humanitarismo permanecia ainda, totalmente, no campo do intelectualismo.

Durante o período de lutas em que a humanidade entrou em seguida, os dois pólos de atividades foram de novo trocados, e nossa época nos mostra uma Igreja atolada no intelectualismo e um humanitarismo focalizado na ação. A Igreja procura uma nova orientação, novas normas teológicas. Ela procura adaptar seu comportamento futuro às novas maneiras de ver. Ela quer outra vez atos novos. O humanitarismo, apesar da abundância de seus atos, não tendo êxito em "criar um mundo bom", indaga de si mesmo se há em seu raciocínio algo que esteja errado.

Como resultado da grande idéia humanitarista, os anos da Primeira Guerra Mundial viram desenvolver-se a tremenda revolução russa que tentou elevar acima da barbárie da Idade Média uma massa de 200 milhões de indivíduos. E, desde aquela época, o mundo inteiro se vê constrangido a contar com a formação desse novo poder e da idéia que o sustenta, vendo ainda desenvolver-se no mundo eslavo uma evidente reorientação. Os pólos da atividade mudam pela enésima vez e, seguindo cada um seu caminho, as duas partes se cruzam, para afastar-se em seguida como cometas. A Igreja na Rússia é restabelecida, claramente, como poder decisivo.

Durante os anos da Segunda Guerra Mundial, as duas correntes encontraram-se de novo na Europa ocidental, nos campos de concentração, nas mortíferas câmaras de gás e nas de tortura. Ali, eles se aproximaram e se simpatizaram, trocaram olhares e apertos de mãos, enquanto que, espantados, contemplavam os restos da tão afamada cultura mundial. Que outra coisa podia fazer, nessas circunstâncias, o homem honesto e leal? Nessa confraternização não houve nenhum traço de hipocrisia.

O homem, persuadido de "que o mundo está nas mãos do maligno", sentia que isso não podia continuar porque agora era ele o agarrado na garganta pelo maligno!... Era ele o ameaçado de execução... era sua mulher que era espoliada... seu filho que sofria fome e era conduzido à servidão. O maligno não tinha respeito nem pela sotaina, nem pelos títulos de prerrogativa ou de nobreza, nem pelo sangue azul da aristocracia. Todos eram aprisionados. E esses cavalheiros não se importaram de travar, assim, conhecimento com o maligno.

O tipo humanitário saiu também de seu entorpecimento. Alguma coisa não estava em ordem com a sua idéia: "o homem é bom". Os humanitaristas que em numerosos países tinham em mãos as alavancas do comando ou que pelo menos possuíam grande poder, não puderam salvar o mundo e a humanidade desses horrores... eles também haviam sofrido os golpes da chibata do vigia e do carrasco.

Foi desse modo que se encontraram os responsáveis pelo "mundo do maligno" e pelo "mundo do bem". Uma grande confraternização nasceu... e acordos foram estabelecidos. Os conservadores se orientariam para o humanitarismo e os humanitaristas para a religião dos teólogos. Tudo ia se tornar ideal! Um compromisso entre dois pontos de vista, novas doutrinas!

O leitor talvez tenha também tentado a aventura... a luta a começar parecia de novo tão bela... continha tanto romantismo... uma nova epopéia heróica ia ser escrita... e novas igrejas viriam à existência...

Mas, do nevoeiro sombrio que nos envolve, uma voz se faz ouvir. Uma voz do longínquo passado da humanidade:

"Tudo é vaidade! Que lucro tem o homem de todo o seu trabalho que ele faz debaixo do sol? Uma geração vai e outra vem... e nada muda. E nasce o sol e o sol se põe. O vento vai para o sul, e faz o seu giro para o norte, e volta fazendo os seus circuitos. Todos os rios vão para o mar, e contudo o mar não se enche. Todas as coisas são cansativas, tais que o homem não as pode expressar; os olhos não se fartam de ver, nem os ouvidos de ouvir. O que foi, de novo será; e o que se fez, isso se tornará a fazer. Há alguma coisa de que se possa dizer: Vê, isto é novo? Já existiu nos séculos passados, que foram antes de nós. Atentei para todas as obras que são feitas debaixo do sol, e eis que tudo é vaidade e aflição de espírito. Aquilo que é torto não se pode endireitar; aquilo que falta, não pode ser calculado."

Seria essa a voz de um pessimista... de alguém que odeia o mundo e a humanidade?

Essa voz representa o terceiro ponto de vista, o mesmo da Rosacruz, ponto de vista para o qual, em nossa época, muitos são chamados! Essa atitude ante a vida nos ensina – e a ciência esotérica e a experiência o comprovam – que a humanidade, tanto deste lado como do outro lado do véu da morte, manifesta-se em um campo de vida dialético.

A esfera dialética ocasiona a mudança constante dos dois pólos vitais; ela faz que todas as coisas, todos os valores, todos os estados se convertam em seu oposto! O dia converte-se em noite, a luz transforma-se em trevas, o bem torna-se em mal, etc., e vice-versa! Não há valores estáticos em nosso campo de vida. Não podeis, situando-vos no pólo do bem, pensar "Agora estou em segurança e salvo!", porque esse pólo se inverte.

Que não se conclua, no entanto, que este mundo seja perverso ou que o mal lhe seja inerente, mas que nosso campo de vida é dialético e fomos nós que criamos, neste campo, o mal, o satanismo. Nosso campo de vida não pode ser designado como "bom" nem como "mau". Ele não é nem um nem outro, porém Maya – uma ilusão. E somos todos conservados prisioneiros nesta ilusão pelo maligno, ou não importa qual outro nome se lhe queira dar.

Por conseguinte, "o que foi... de novo será". E é a serviço dessa voz que fraternidades como as dos essênios, dos maniqueus, dos cátaros e dos rosacruzes, quiseram romper a grande ilusão e continuam a fazê-lo.

Mas, "o que foi... de novo será". Esse esforço, não será também vaidade? A mudança perpétua, sem esperança, não será sempre o inevitável fim?

"O que foi... de novo será!..." Considerai desta vez estas palavras como a expressão de um otimismo irradiante... como uma grande alegria, que será um dia de todos os povos! Outrora existia algo... não no campo de vida dialético... uma ordem do mundo original... uma ordem humana dos filhos de Deus, *e ela será de novo.*

A humanidade não tem necessidade de constituir essa ordem mundial, não é necessário fundar esse Reino! *Ele existe!* Essa metade desconhecida do mundo, da qual a *Fama Fraternitatis R.C.* testemunha, nos é revelada. É lá que se encontra a Fraternidade Universal, é lá que reside a Força do Amor que ultrapassa toda compreensão!

Nessa parte desconhecida do mundo o homem não entra quando dá o seu último suspiro, porque essa parte continua desconhecida para aquele que serve à grande ilusão, esteja ele em seu corpo físico ou não. Essa parte desconhecida do mundo é onipresente; ela penetra nosso domínio de vida, da mesma forma que a quarta dimensão se apresenta perpendicularmente às três dimensões conhecidas. Toda a humanidade conheceu outrora esse mundo desconhecido. Eis por que existe em grande número de pessoas uma reminiscência que não se pode desarraigar, e a consciência de serem de origem divina... é por isso que há combate, luta e clamor por libertação e esses cânticos dizendo que "o homem é bom" e também a contundente realidade do mal.

Eis por que os mensageiros são enviados, profetizando: Despertai, filhos da Luz... porque o que foi de novo será! E o caminho da verdadeira vida, o caminho da vida mesma, o caminho de retorno, está sendo revelado.

E o teólogo que vê esse caminho sente vergonha. E o humanitarista que vê esse caminho sente vergonha, pois como o seu ideal empalidece frente a realidade do reino original! E o teólogo convertido sente-se grato, pois ele procurou seu Senhor e o encontrou. E o humanitarista convertido se regozija, pois ele não interrompeu seus esforços; ele havia procurado o grande amor e o encontrou.

E o iniciado Paulo sente um grande regozijo diante das profundezas e das riquezas espirituais; e vemos o desfilar das testemunhas de Deus no mundo a falar do novo reino. E também o aluno que conhece essas alegrias dá seu testemunho e luta contra a grande ilusão.

A metade desconhecida do mundo! Podemos nela entrar graças à nobre arte mágica, a arte real da construção. Esse é o verdadeiro renascimento evangélico, o processo estrutural de transmutação de todos os aspectos do homem dialético, como foi amplamente exposto nos capítulos precedentes: o caminho da livre automaçonaria. Trata-se agora de obter um claro discernimento sobre como é preciso praticar a arte real.

Na metade desconhecida do mundo vive uma raça humana cujo estado veicular é muito diferente daquele da humanidade existente no campo de vida dialético. É impossível, por meio de uma cultura qualquer, chegar a passar de um estado para o outro, com base no sistema veicular terrestre comum. Esse é o princípio fundamental do caminho da livre automaçonaria. "A carne e o sangue", qualquer que seja o modo pelo qual são cultivados, "não podem herdar o reino de Deus." É necessário um renascimento orgânico absoluto. Durante numerosos séculos suspeitou-se disso, e nas religiões exotéricas de todos os tempos encontram-se fragmentos dessa doutrina, sobretudo no cristianismo exotérico. A humanidade jamais soube o que fazer com esses ensinamentos, pois lhe faltava o conhecimento interior e ela, por sua vez, desprezava os instrutores.

Para a religião comum, o renascimento é uma forma de conversão, isto é: uma despedida de certo estado pecador e a adoção de uma norma de vida superior. Ninguém pretenderá afirmar que tal mudança seja inútil, porém não se trata, nesse caso, da mudança fundamental, mas de uma cultura razoável e moral de nossa manifestação dialética.

Tal conversão é o primeiro passo a realizar; é a primeira reação do homem prisioneiro da natureza terrestre à Luz que brilha nas trevas. Trata-se de uma preparação para o renascimento, de um processo de preparação inteligente, no qual todos os aspectos místicos, espirituais, físicos e mágicos têm lugar.

Alguns antigos místicos acreditaram poder realizar essa primeira conversão e demonstrar seu adeus à matéria tornando-se uma paródia da idéia de purificação, de tal modo que mal se podia aproximar-se deles, e viviam parasitando o trabalho e as posses de outrem. Deve-se compreender que tais práticas não podem favorecer o renascimento no sentido da Arte Real.

Para os fiéis da religião cristã ortodoxa, o renascimento não é senão uma renovação abstrata ajustando a consciência. Quando, por exemplo, um indivíduo deixa um estado de corrupção para viver de acordo com os preceitos do cristianismo, segundo uma determinada interpretação dogmática, então diz-se que ele se tornou uma outra criatura; é como se realmente tivesse nascido de novo. Assim, sua vida (pois no estado de corrupção o homem é considerado como morto) realmente tem inicio quando ele renova sua mente e seu coração.

Contudo, a estreiteza de tal concepção torna-a irremediavelmente errônea. Os gnósticos de todos os tempos sempre combateram, com todas suas forças, essa deplorável mistificação, porque eles conheciam o verdadeiro significado das enfáticas palavras de Cristo: "Ninguém verá nem entrará no reino dos céus se não renascer primeiro da Água e do Espírito".

E a grande esoterista H. P. Blavatsky, falando dessas coisas, assevera: "Não é verdade que qualquer pessoa, fortemente arraigada no mal, possa se converter de súbito e tornar-se igualmente forte no bem. Sua figura física, muito corrompida, tornou-se totalmente imprópria. Não se pode usar uma barrica que conteve arenques salgados para nela colocar essência de rosas. A madeira fica muito impregnada da salmoura".

As células de nossa figura física assemelham-se perfeitamente a um microcosmo. Elas funcionam de acordo com determinadas leis dialéticas, estão ligadas à natureza terrestre e são incapazes de compreender uma mudança de direção ou assimilar forças provenientes de uma outra esfera. Caso sejam forçadas, então, invariavelmente, doença, loucura ou morte será o resultado disso.

Entretanto, a conversão, no sentido gnóstico, é um processo completo de preparação, e o aluno deve aprender a interpretá-lo dessa maneira. Em verdade, a Escola Espiritual coloca o aluno que se encontra na antecâmara diante do processo preparatório de natureza tríplice compreendido segundo a consciência, a alma e o corpo. O grande perigo, todavia, é que o aluno tome esse tríplice processo de mudança pelo processo de renascimento. Quando ele o faz (e quantos não o fazem), a lei dos opostos, que é a deste campo de vida, o conduzirá ao processo contrário.

A arte real coloca, portanto, em primeiro lugar, um processo de mudança tríplice, e quando, por esse mesmo processo, o candidato atinge o extremo limite de suas possibilidades e é capaz de perseverar, o portal para a "metade desconhecida do mundo" abre-se diante dele. Em estado de êxtase, em uma elevação interior, ele vê diante de si a figura do homem celeste, o sistema de veículos do verdadeiro filho do homem.

E tão logo o candidato o veja, pode perfeitamente dizer, do fundo de seu ser, e em verdade: *Jesu mihi omnia*, esse portador de salvação é tudo para mim. O tríplice processo de preparação é seguido de um tríplice processo de aniquilamento segundo a velha natureza e, ao mesmo tempo, de um tríplice processo de renascimento segundo a nova natureza.

É desse modo que a metade desconhecida do mundo é desvendada, através de três vezes três processos – por três dias de manifestação. Essa é a arte real – essa é a ressurreição no terceiro dia. É nisso que consiste a livre automaçonaria do novo homem.

"Que aquele que tem ouvidos para ouvir ouça o que o Espírito diz às igrejas."

A Consciência do Novo Homem

I

O aluno sincero que, em um dado momento, toma a decisão de redescobrir o caminho que conduz ao reino da Luz perdido, é obrigado, para se preservar de inumeráveis ilusões, a estudar diariamente as leis e a natureza do campo de vida dialético. Se ele deseja adquirir alguma visão da consciência do novo homem, tal estudo torna-se essencial. Então, ele descobre, entre outras coisas, que, de acordo com a natureza do meio no qual vive, cada objeto, cada aspecto, cada estado do estrato de vida terrestre é duplo. Assim também acontece com os poderes do homem comum. Seus sentidos, seus órgãos em geral e todas as suas atividades físicas e psíquicas têm dupla natureza.

Pode-se, portanto, afirmar como um axioma que a consciência do homem terrestre é dupla. A ciência material contestava outrora essa dualidade da consciência, ensinada pelos esoteristas. Atualmente, fora e mesmo dentro do mais limitado círculo esoterista, concorda-se em admitir a dualidade da consciência do homem. Não são mais considerados estranhos, anormais ou enigmáticos os fatos e os fenômenos que se baseiam sobre essa dualidade.

Quando se estuda os cinco órgãos dos sentidos do homem – compreendidos dentro do quadro de sua personalidade dialética – deve-se ter em conta que cada um desses órgãos é duplo, tem uma dupla função. Seja uma ou outra dessas funções que atue em um dado momento, a personalidade dialética permanece a mesma.

No homem das massas, a função física da vista é sensivelmente a mesma para todos. Nós todos vemos uma árvore. O negociante de madeira e o carpinteiro podem considerar a madeira como suscetível de fornecer tantas pranchas. Os olhos do artista vêem a árvore em toda a sua beleza, o burguês a vê como um tronco sustentando ramos e folhas. Se é verdade que a reação à vista de uma árvore difere de um observador para outro, conforme a natureza de seu sangue, não existe, entretanto, nenhuma divergência de opinião sobre o fato da impressão "árvore".

Isso é bem diferente quando se pode ver a árvore e seu duplo etérico, pois neste caso desenvolve-se o outro aspecto do poder visual dialético do homem. Vê-se, nesse caso, a árvore em relação à sua função vital, vê-se que ela assimila éteres planetários e outras forças; que diversas forças naturais semi-conscientes trabalham com ela; que a luz e um poderoso movimento vibratório a envolvem. Em resumo, vê-se um processo de vida múltiplo.

Quando um pintor, como Vincent van Gogh, esforça-se por pintar esse processo de vida multiforme, e quase o consegue com êxito, temos por ele o maior interesse; em nossa opinião, ele se eleva acima da consciência unilateral de pintor de paisagens ou de motivos baseados em natureza morta. Vincent era um visionário que em sua época foi tido como um tolo. Observamos que muitos pintores mais modernos sentem-se atraídos a desmascarar, reproduzindo em sua pintura a depravação humana, que bem freqüentemente envolve o homem como estado etérico, como uma couraça aural. Alguns pintores filósofos o fazem, exprimindo assim seu pensamento interior. Alguns deles pintam inspirados por seus sentimentos, outros ainda vêem desse modo, com seus sentidos, por serem visionários. E todos se sentem impelidos a colocar sob os olhos daqueles que têm uma visão burguesa da vida e que, assim, mostram ter uma consciência unilateral, a terrível corrupção do mundo e do homem, como se se tratasse de um espelho acusador.

Pode-se apreciar uma ou outra dessas formas de arte, julgar uma forma determinada e necessária a uma época, pode-se considerá-la como um impulso divino para que uma arte que desmascara e rasga os véus ilumine este mundo como um clarão, mas todas essas manifestações artísticas, procedam elas da consciência unilateral ou da consciência dupla, permanecem limitadas ao campo de vida dialético.

Pode-se buscar tanto a consolação – a beleza, a magia, a religião – na arte, quanto o eco de uma veemente acusação (e acreditamos que todos tenham, vez por outra, necessidade de tudo isso e que isso possa ajudá-los), porém não é menos verdade que tudo pertence ao domínio dualista da dialética. Um é tão pouco libertador quanto o outro.

Em nossa opinião, a personalidade de Vincent van Gogh era mais digna de interesse que a do artista comum pelo fato de que a consciência dualista, chegando bem mais cedo ao ponto morto, choca-se muito mais rapidamente contra os muros da vida infernal e, então, o homem não somente é ingênuo, como é realmente portador de perturbação psíquica quando se aferra à sua miséria e não encontra caminhos libertadores.

Quando se vive a profissão de artista, tal como Vincent van Gogh a viveu, não há senão duas alternativas: elevação ou queda. Escapar a essas inquietações artísticas e elevar-se a uma nova realidade de vida, ou ser totalmente destruído. Em Vincent van Gogh foi o último caso que prevaleceu. Consumido por um fogo poderoso, não chegando a exteriorizar mais nada em sua pintura, esgotado, seu fim foi um tiro de revolver e uma bala na cabeça. Essa vida, no entanto, após o sacrifício de todo o seu ser a serviço de todos, soçobrando no desespero total e na loucura, teve, a nosso ver, bem mais valor que as de todos esses artistas profissionais, os chamados bem sucedidos, por vezes tão distintos.

Queremos agora servir-nos dessa exposição um tanto longa para dar ao leitor uma vigorosa idéia do que é a consciência do velho homem: um fundo sombrio, contrastando com o desenvolvimento claro e luminoso do novo homem.

Quando o aluno da Escola Espiritual decide encetar o caminho e harmonizar sua vida com as exigências desse caminho, constatamos nele, ao lado de todo o resto, uma certa cultura dialética. E essa cultura é definitivamente dualista. Quando, conformando-se com as exigências do caminho, o aluno põe em ordem sua personalidade (segundo a natureza terrestre), vê-se no quadro dessa personalidade desenvolver-se o dualismo de sua consciência; o outro lado de sua natureza, a saber, as possibilidades de desenvolvimento físico e psíquico mais ocultos, começa a se revelar.

Muitos homens possuem parcialmente essas possibilidades físicas ou psíquicas mais ocultas ou as desenvolveram, sem que tenham se preocupado o mínimo com as exigências da Escola Espiritual, o que prova o quanto essas coisas estão estreitamente ligadas à vida dialética. O lado oculto de sua natureza terrestre pode se desenvolver seguindo uma linha regeneradora, mas pode também seguir uma linha degenerativa. É possível, por exemplo, obter uma certa vidência etérica pelo abuso do álcool, por um regime alimentar de carnes, pelo emprego de certas ervas, ou ainda com o auxílio de numerosos outros expedientes indesejáveis e negativos.

Muitos indivíduos, em conseqüência de erros cometidos em existências microcósmicas anteriores, e em conseqüência da qualidade de seu sangue e de sua estrutura corporal, demonstram desde o nascimento tendências mediúnicas. Disso tudo torna-se evidente que uma consciência mais ou menos sensitiva pode perfeitamente ser explicada por uma linha degenerativa. Não se trata de nenhum progresso espiritual verdadeiro, e esse gênero de pessoa, dispondo de uma boa porção de habilidade e audácia, pode reforçar consideravelmente ilusões de toda espécie nos diferentes campos de vida esotéricos.

Mas o que se passa na existência de um homem quando ele se concentra no desenvolvimento interior ao longo da linha regeneradora? Quais são suas experiências no caminho, o caminho da Rosacruz?

Em primeiro lugar, o grau de sensitividade do corpo físico aumentará, expressando-se sobretudo na percepção sensorial; em segundo lugar, uma mudança nítida aparece no corpo etérico. Os dois éteres inferiores são quantitativamente subordinados aos dois éteres superiores e qualitativamente crescem quase diariamente em clareza e sutileza, o que leva à manifestação de uma ou outra forma da conhecida visão etérica. Em terceiro lugar, notamos uma marcante modificação no campo da vontade e dos sentimentos, e, finalmente, em quarto lugar, uma purificação do órgão do pensamento.

Tendo em vista que o querer, o sentir e o pensar tomam uma outra orientação e dirigem-se para valores, forças e estados que não são deste mundo, manifesta-se então uma muito forte receptividade segundo o pensar, o querer e o sentir às impressões de natureza etérica, perfeitamente em concordância com o estado de ser da pessoa em questão. Essas impressões, relacionadas ao pensar, sentir e querer, despertam, ao mesmo tempo, no organismo que se tornou extremamente sensível, o que denominamos consciência imaginativa. O aluno vê, a partir de seu interior, aquilo que se dá a conhecer ou aquilo que ele quer dar a conhecer, no estado mais elevado desse desenvolvimento, pela ação de um fogo espiritual espinal que, através de alguns centros correspondentes da coluna vertebral, penetra em espiral no santuário do coração. Assim, ele obtém a clarividência espiritual, e controla esse poder em maior ou menor medida.

Na prática, a grande maioria dos alunos nunca alcança esse elevado poder dialético, e a linha de desenvolvimento é, aliás, entre a maior parte dessas pessoas, extremamente bizarra. É certo que todos aqueles que seguem o caminho realizam um verdadeiro crescimento na direção indicada; um crescimento que, entretanto e sem exceção, termina por chegar a um determinado limite de acordo com o estado de ser do aluno. O aluno, desse modo, terá explorado as possibilidades extremas da dualidade dialética. O potencial de desenvolvimento na personalidade dialética é completamente utilizado e os obstáculos da limitação se fazem sentir cada vez mais. Essa é a situação em que se confinam muitos alunos, em angústia crescente. Outrora, em circunstâncias análogas, existia a possibilidade, graças aos métodos praticados nas antigas escolas espirituais, de o aluno "sair de si mesmo" e empreender viagens psíquicas conscientes, permitindo-lhe assim participar das reuniões e dos serviços nos templos espirituais, e de entrar em contato com a fraternidade existente no outro lado do véu.

Dessa maneira o aluno podia, por essa "saída de emergência", efetuar progressos adicionais, porém um sério pesquisador da libertação percebe claramente tudo quanto esse estado tem de parcial. De fato, as limitações dialéticas naturais são, a esse respeito, simplesmente ilusórias, e não se pode falar de uma solução fundamental ao problema do desenvolvimento humano.

Na época em que a humanidade entrou atualmente, os alunos são continuamente lançados, de modo sempre mais insistente e decisivo, a enfrentar suas próprias limitações dialéticas. Um aluno, da qualidade que acabamos de descrever, vê seu raio de ação restringir-se sempre mais e é detido, sempre mais inexoravelmente, na realidade infernal da existência terrestre. O aluno já não tem ocasião de devanear no vazio, ele já não tem nenhuma oportunidade de poder renunciar ao mundo, segundo o antigo modo místico.

Por que não? Porque a humanidade, tal como tem sido repetidamente mostrado nas páginas precedentes, entrou em um redemoinho importante de sua existência, numa grande revolução mundial. O aluno é convidado agora a evadir-se desta natureza dialética por uma revolução individual, através da ressurreição, ou como ela é chamada neste livro, pela transmutação da personalidade, graças a três processos, em três círculos sétuplos, em "três dias".

Nesta ordem de natureza há numerosos fenômenos sociais, políticos e econômicos que levam os homens a pensar: "Isso é a revolução mundial!" Entretanto, há uma outra revolução em curso que modificará o aspecto do globo terrestre e que torna necessária uma transformação total, estrutural e individual da natureza do homem.

Resta aos alunos da Escola Espiritual escolher: permanecer dentro dos limites da cultura intelectual dialética e nos padrões do conhecimento espiritual terrestre, ou caminhar para um bem superior! Para todos aqueles que meditam nessas coisas deve ser feita a seguinte advertência: se o pesquisador estagnar na condição tão cultivada de sua personalidade desta natureza, usando-a como trampolim para alcançar regiões mais altas, uma condição psíquica terá lugar, com todas as características de insanidade mental.

Os sintomas de alienação mental aumentam cada vez mais neste mundo, e mais ainda, talvez, entre aqueles cujo estado e disposição interiores mostram os sinais de terem sido chamados à Luz e à outra Vida, mas que não trilham o caminho da libertação. Há homens sinceros que, no intenso desejo de trabalhar como bons obreiros na vinha de Cristo, desejam demonstrar, explicar e levar ao mundo o remédio supremo, absoluto. Mas isso lhes é impossível, porque eles são anormais, como o foi van Gogh, que era desequilibrado, e no curso de uma pesquisa desvairada lutou com o fantasma de sua natureza de artista inato, deixando-se quase morrer de fome e queimar-se pelo violento sol meridional, martirizando-se como os antigos místicos. Porém, o fim foi o sofrimento... e a agonia do terror... e o desespero delirante... e as ruínas de um desejo insaciado.

E eis aqui o privilégio dos alunos da Escola Espiritual que, tendo chegado aos limites de suas possibilidades de manifestação terrestre, vêem claramente a saída diante deles, baseiam seu êxodo em um dado concreto: "a carne e o sangue (ou seja, a natureza terrestre) não podem herdar o reino de Deus".

Quando se observa, mais ou menos do alto, os fatos e comportamentos da humanidade, percebe-se a que ponto ela é anormal, sem ter a menor noção de sua demência. Quando se observa os homens que têm desenvolvido o lado oculto de seu ser ao longo da linha degenerativa, descobre-se sua perigosa loucura; disso, contudo, eles mesmos não têm a menor idéia. E, quando observais os homens que buscam a cultura ao longo da linha regenerativa, constatais neles uma crescente loucura que, uma vez alcançado o ponto morto, ou soçobra na anomalia e degenerescência, ou então se torna a porta do renascimento estrutural.

A Escola Espiritual da Rosacruz moderna reconhece três estados de consciência no campo de vida dialético:

a anormalidade natural;

a anormalidade de tendência degenerativa;

a anormalidade de tendência regenerativa;

Cada um desses estados de consciência possui sua própria esfera, suas próprias tensões, perigos e resistências. Todo campo de vida dialético é dominado e caracterizado por essas três manifestações da consciência. Em resumo: a humanidade vive em um grande e espantoso hospício, e "não há ninguém que seja bom, nem mesmo um".

Essas palavras são de Jesus Cristo. Alguém, chegando a ele pergunta: "Bom Mestre, que devo fazer...?" E Jesus o corrige: "Ninguém é bom, nem mesmo um".

Eis o que é triste para aqueles que se prendem à doutrina de "Deus na carne". Quando uma entidade mergulha no campo da dialética e, segundo a natureza, nasce de uma mulher, há anormalidade, ilusão, e aí também Jesus, o Senhor, torna-se semelhante a nós.

E, do longínquo passado, um poeta surrealista, de há 3000 anos, golpeia-nos com a acusação:

Ninguém é justo, nem mesmo um;
não há ninguém que compreenda;
não há ninguém que procure Deus;
todos se afastaram.
Juntos eles se tornaram inúteis;
não há ninguém que faça o bem, não,
nem mesmo um!
Sua garganta é um túmulo aberto;
sua língua vomita a impostura,
o veneno da serpente está em seus lábios,
sua boca, cheia de maldição e amargura.
Eles estão prontos a derramar sangue;
suas veredas são miséria e devastação,
e eles não conhecem o caminho da paz.

E a humanidade corre em um turbilhão selvagem, no campo de vida dialético... um estoura os miolos... outro atira-se na água... um terceiro regressa às panelas de carne do Egito... um quarto, com a glândula tireóide totalmente desorganizada, caminha com a cabeça perturbada através da vida, como rei em andrajos... e o restante combate, luta e se defende contra os ataques!

Se já observastes no microscópio o comportamento dos microorganismos, sabeis que eles se conservam devorando-se mutuamente, para se multiplicarem em seguida, por divisão. Assim também é o homem... é essa sua vida... é essa sua manifestação!

Quer os homens sejam anormais segundo a natureza, anormais degenerados ou anormais regenerados, eles se entredevoram... não importa como... para, em seguida, se dividir de novo... não importa como!

E a fantasia humana é de tal forma genial, que ela recobre o inferno terrestre com o verniz melífluo do romantismo, da arte e sobretudo do super-embuste: a religião exotérica. E, entretanto, o homem torna sua maldição mais diabólica e o inferno mais demoníaco com sua técnica e sua ciência.

E é neste antro de pecados que Jesus Cristo desce, como um de nós. E os discípulos, do estado anormal regenerativo, caem de joelhos e perguntam: "Bom Mestre, que devemos fazer para herdar a vida?" E eles ouvem esta reprimenda: "Por que me chamais bom? Não há ninguém que seja bom, nem um só". "Ninguém é bom", exceto a manifestação original do Logos... o homem celeste.

"Que devemos fazer?", perguntam eles, desesperados. "Ide, vendei tudo o que tendes." Que cada um daqueles que enriqueceram na subida regeneradora do campo de vida dialético abandone agora, voluntariamente, toda cultura espiritual segundo a natureza. Que cada um abandone agora os frutos de seu desenvolvimento regenerador dialético, abandone esse gênero de riqueza, e nu, completamente esvaziado, tal como um mendigo, um indigno, bata à porta da nova vida.

E agora, duas coisas podem acontecer: afastar-se entristecido, tal como o mancebo rico do Evangelho, e apegar-se de novo à demência, a demência da consolação, da beleza, do romantismo, da magia e da religião, segundo a natureza; ou dizer um adeus definitivo à ilusão, abandonar voluntariamente tudo aquilo que se possui, e seguir o homem celeste, Jesus, pelas portas da nova vida.

II

Toda a vida do aluno se modifica quando ele consegue entrar pelos portais da nova vida. Nesse estado, ele já não necessita reclamar, acusar ou mesmo atacar, pois investiu-se das alegrias da nova vida e da paz que é mais sublime que toda a razão natural.

Porque então é Deus mesmo que habita nele e todas as coisas são novas. E o divino, o homem celeste, enxugará toda lágrima de seus olhos, e "não haverá mais a morte; ele não terá mais desgostos, nem lamentações, nem dor, porque as coisas anteriores terão desaparecido".

O princípio fundamental dessa eterna alegria é: encontrar-se diante do portal da realização, esvaziado segundo a natureza, como uma virgem adornada com a centelha divina.

Esse princípio fundamental não é uma descoberta da moderna Rosacruz: é a certeza eterna de todos os tempos. Se desejamos encontrar a verdade, devemos renunciar às demências da vida dialética. Os alunos devem ter a coragem de demolir e construir, como verdadeiros livres-maçons. Quando constatamos que um muro não foi construído no devido esquadro, devemos dizer: "Metamos aí a picareta – e recomecemos".

O novo caminho em que irrompeu a moderna Rosacruz e que este livro descreve, é um caminho bastante antigo, que a demência humana recobre de ervas daninhas e parasitas. O aluno deve escavar e talhar com os instrumentos que tem à sua disposição, a fim de encontrar a porta da eternidade. Somente assim ele terá o direito de emitir seu canto triunfal:

Vinde, combatentes fiéis,
retesai vossos arcos,
elevai-vos à nova era
e resisti, firmes, na adversidade!

O que este livro procura traduzir encontra-se, inegavelmente, na doutrina universal. Dentre as grandes figuras crísticas, surge do passado remoto o incomparável Hermes Trismegisto que, em seu divino Pimandro, descreve as núpcias do homem celeste com a virgem do mundo, a qual se manifesta abandonando a dialética e voltando-se para a verdadeira Luz. E nos primeiros séculos de nossa era, não testemunha o autor do Apocalipse acerca das núpcias do cordeiro celestial com sua noiva, tornada imaculada? E assim, novamente, foi realizada a fórmula mágica: "Eu tornei a chamar meu Filho do Egito!"

O mistério da salvação do novo homem foi-nos confiado a partir da aurora da época ariana, e esse *mysterium magnum* é divulgado mais amplamente em nosso tempo, porque a hora soou! Lá onde se celebram as núpcias do homem celeste com sua noiva dialética fundamentalmente transformada, lá deve ser realizada a transmutação absoluta da personalidade, e, então, um novo estado de consciência se evidenciará. Vamos concluir este capítulo com algumas palavras de explicação sobre esse novo estado de consciência.

A principal característica da nova consciência é a "onipresença", que significa: experimentar e possuir todas as dimensões do cosmo, identificar-se com a manifestação universal, o simultâneo estar em toda parte e também não estar em lugar algum, isto é, "não-ser".

É o que testemunham aqueles que experimentam, pela primeira vez, a sensação da nova consciência. Mergulhar na onipresença; possuir e fazer parte de todas as dimensões do cosmo. Fundir-se na manifestação universal dá e cria uma realidade tão diferente daquela à qual estamos habituados no campo de vida terrestre, que somos inclinados, nessa invasão da universalidade, nessa total integração nela, a negar todo foco de consciência, seja ele qual for. O aluno não vê mais nem espaço, nem Logos, nem ordem, nem razão, nem plano, nem criatura, nem aparência! Ele somente vê a Luz, na qual, bem-aventurado, ele se perde; somente a força com a qual ele se torna uno, um glorioso nada onipresente com o qual ele se identifica sem laços.

Isso, todavia, não é senão uma primeira sensação, a primeira maravilha da nova consciência. É o prelúdio, a alegre entrada do homem celeste na nova Jerusalém. É a emoção do amor no qual o candidato submerge como em um bem-aventurado não-ser.

E então... então o olho de Shiva se abre, o olho de Dangma, o terceiro olho da mitologia, a porta celeste da qual faz menção o Apocalipse, se abre. Decididamente esse "olho de Shiva" não está relacionado com a ligação da glândula pineal com a hipófise ativada do corpo dialético, como a união do fogo e da luz, mas é a ligação do poder pensante celestial com o poder pensante dialético tornado imaculado.

E esse olho de Shiva, essa porta para o céu, para o estado imutável da ordem divina, o reino dos céus do qual Paulo fala, torna-se sempre mais claro, abre-se sempre mais amplamente à medida que o aluno consegue demolir seu velho templo a fim de reconstruí-lo em três dias. Que aquele que pode compreender, compreenda!

E, assim que esse olho de Shiva, com um olhar claro e luminoso, contempla o novo mundo, após a ressurreição no terceiro dia – que é como escalar uma montanha – o aluno que se tornou onipresente não se torna nesse não-ser místico, um bem-aventurado inebriado de luz, porém ele é e se torna, juntamente com aquele que conduz os céus e a terra, um realizador, um co-herdeiro, um colaborador do plano de Deus, para o mundo e para a humanidade; ele é um membro vivente e consciente do *Corpus Christi*, da hierarquia divina do templo construído sem o som de martelos.

A nova consciência torna o aluno capaz de participar do extraordinário processo de criação e purificação que, por ordem divina, foi começado e continua para todas as criaturas. Eis por que, quando o aluno atravessou os três círculos sétuplos, podemos ler no livro do Apocalipse:

"Depois destas coisas olhei, e eis que estava uma porta aberta no céu; e a primeira voz, que como de trombeta ouvira falar comigo, disse: 'Sobe aqui, e mostrar-te-ei as coisas que depois destas devem acontecer'.

E o que estava assentado sobre o trono disse: 'Eis que faço novas todas as coisas'. E disse-me: 'Escreve, porque estas palavras são verdadeiras e fiéis!' "

Escreve – age – fala – constrói! E aquele que testemunha estas coisas, e aquele que sabe e aquele que vê o olho de Shiva luzir no horizonte da nova vida, diz: "Certamente, depressa venho. Sim, vem, homem celeste!"

A Missão e a Obra da Escola Espiritual na Nova Era

I

Quando se estuda os diferentes campos de trabalho deste mundo, onde se concretizam as ambições humanas, descobre-se que é sempre pelo mesmo método que o homem procura realizar seus objetivos. Os partidos políticos, as associações filantrópicas, as organizações religiosas e as diversas sociedades esotéricas fixam seus programas de ação, tornam-nos conhecidos, e esforçam-se, mediante várias atividades, no sentido de fortalecer sua influência sobre o público e, tanto quanto possível, recrutar membros.

Poder-se-ia falar de um método de ação horizontal. Esse método é sempre bem sucedido quando se sabe esperar os momentos psicológicos, quando se sabe despertar o interesse por uma literatura fácil de compreender e apoiar-se sobre uma organização responsável. Por uma tática cientificamente apropriada, pode-se insuflar uma nova vida em uma instituição sumamente enfraquecida e mantê-la, sem se ridicularizar, da mesma forma que, no comércio, um artigo de qualidade inferior pode ser vendido e manter a sua vendagem graças a uma propaganda psicológica apropriada, plena de vãs promessas. Pode-se também, sob a condição de não se cometer tolices, despertar o interesse e mantê-lo, em relação a todos os desejos, a todas as idéias ou teses, e a toda instituição que declare ocupar-se da salvação da humanidade.

É assim que a humanidade gira em círculo, mergulhada em um oceano de idéias, arremessada da direita para a esquerda, para finalmente, ameaçada de naufrágio, agarrar-se aos destroços especulativos que melhor correspondam à sua natureza, sem ter a certeza de atingir a margem desejada. Tudo é pura especulação. Que esta ninharia à qual nos apegamos nos caia das mãos, não importa; há muitas outras que nos serão estendidas, de muito boa vontade.

O mar da vida está recamado de toda sorte de embarcações. Todas têm a pretensão de ser barcos salva-vidas e navegam em todas as direções, em grande confusão. Há centenas deles cuja tripulação afirma "ter a bordo o Filho do Pai" e "que a margem segura está à vista". Mas a questão de saber quem teria a bordo o verdadeiro Filho do Pai não está ainda resolvida; e a margem segura, que todos têm à vista, aparentemente deve ser acidentada, uma vez que todos seguem caminhos completamente divergentes. Essas situações devem requerer toda a atenção dos alunos que pesquisam, porque todos eles estão sendo jogados de um lado para outro no mar da vida, e todos são rudemente recrutados pelos navegadores.

Naturalmente, o leitor também considera o autor deste livro como um deles e espera que ele pretenda ser o comandante do mais poderoso barco salva-vidas, tendo a bordo, em sua cabine, o Filho do Pai, o mais autêntico e, à vista, a margem mais segura, patente à visão artificial esotérica. Imaginam talvez que a Rosacruz esteja na vanguarda de muitas outras instituições, em razão da natureza excepcional do caminho que ela proclama.

Muitos decidirão subir para o nosso barco, mas haverá também alguns hesitantes. Eles acharão o nosso caminho um tanto estranho, e ficarão atentos aos dedos que lhes advertem de outros barcos, assim como a certos grupos que os chamam, brandindo os arpéus de abordagem, e que bem poderiam tornar-se perigosos, pois já aconteceu de barcos repletos de passageiros serem atacados e aniquilados por piratas espirituais.

Além disso, nem sempre a margem segura é o objetivo, antes porém, a fundação de uma sociedade de navegação para manter barcos em permanente operação, e de uma associação encarregada de administrar os interesses da tripulação. Esse é um fato bem conhecido. Numerosos são os poetas, pensadores e escritores que desmascararam a grande exploração espiritual e sua ilusão, e não é necessário citá-los ou a isso acrescentar alguma coisa, porque a traição e a especulação são colocadas a descoberto e postas no pelourinho.

O homem que pesquisa bem o percebe, porém ele também se debate no mar acadêmico e supõe haver outros barcos onde poderia tomar lugar, onde seria bem-vindo e que, graças à força libertadora que estaria a bordo, o levariam em linha reta para a margem segura. Em outras palavras, ele deseja substituir uma ilusão por outra. Ele passa de uma especulação para outra.

Por que aventurar-se com a Rosacruz? Aquilo que ela ensina e quer não é, em grande parte, especulação aos olhos do pesquisador? Pode o homem que pesquisa controlar diretamente a exatidão daquilo que a Rosacruz afirma ser irrefutável? Se vos dizemos: "A margem segura é assim e assim!", então o leitor comum não tem a faculdade de verificar a exatidão dessa declaração. Além disto, muitos duvidam seriamente ainda de nossa lealdade para com a verdade e não estão inteiramente de acordo conosco.

Submersa no mar acadêmico, a massa da humanidade não possui nenhum poder crítico que lhe permita sondar a verdade. A humanidade bem que dispõe de um espírito crítico, porém essa crítica está ligada ao sangue, à ilusão e às hipóteses. Uma verdade pode ser tomada por autêntica sem ter, por isso, um poder libertador.

Se alguém aceita uma verdade sem a reconhecer de início como tal (e, como regra, é o que não se faz), chegará um momento em que não poderá nem desejará aceitar as conseqüências. Como resultado, perderá a ligação com essa verdade.

Reconhecer uma verdade significa possuí-la interiormente. Suponde que seja justa nossa interpretação sobre a margem, e que reconheçais como exatas nossas indicações; isso significaria que conhecemos, tanto um como outro, a margem segura; que conhecemos o caminho, ou o possuímos. Portanto, não nos seria necessário para ali vos conduzir, e chegaríamos à conclusão de que somos irmãos.

Mas é muito provável que não tenhais a menor certeza de que a verdade preconizada por este livro seja verdadeira e possa vos libertar. Falta-vos a faculdade de averiguar e, por conseguinte, também a possibilidade de reação justa e espontânea. Eis por que uma verdade vivente pode suspirar: "Meu povo se perde por falta de conhecimento". Eis por que há ouvidos que, escutando, não podem ouvir, e olhos que, vendo, são cegos. É uma lei dialética. Portanto, os leitores que são confrontados com o conteúdo deste livro reagem de forma bem diferente daquela que geralmente se está habituado a fazer com literatura desta espécie.

A Rosacruz não organiza nenhum serviço rápido em direção a uma margem qualquer, e o leitor nada de semelhante deve procurar. Ele deve tomar a decisão de não mais seguir o método da linha horizontal. É uma advertência que damos – advertência que não queremos impor a ninguém, como é usual entre os mestres de tripulação. Os obreiros da Rosacruz são avessos a esses exercícios de esporte metafísico em vigor nas igrejas ou em qualquer outro grupo ou associação.

O conteúdo deste livro somente tem sentido e, se Deus o permitir, utilidade para aqueles que são capazes de um reconhecimento interno. Dentro de um mesmo nível de igualdade, o autor quer mostrar, com toda simplicidade, aos que buscam a Luz, algumas conseqüências da nova era, sem se impor como autoridade. Quando a Escola Espiritual da Rosacruz anuncia que ela retomou uma iniciativa mundial, formando nova fraternidade hermética e ativa que se faz conhecer como *Ekklesia Pistis Sophia*, que ninguém suponha que ela queira atingir seu objetivo pelo método horizontal. Conduzindo-se dessa maneira, a Rosacruz jamais alcançaria o seu objetivo. Os homens que buscam a libertação não têm necessidade alguma de uma nova instituição de locação de barcos esotéricos. Qualquer grupo desse gênero certamente não tem nada a temer da concorrência da Rosacruz.

A idéia de formar uma fraternidade mundial dialética é tão velha quanto Matusalém, até mais velha, e a Rosacruz certamente não vos quer enganar com essa idéia. A resolução de realizar uma reforma mundial tem preocupado, sem sucesso, o espírito de milhares de homens durante os anos e os séculos que nos precederam, e a Rosacruz não deseja iludir ninguém com semelhante idéia. Tudo o que se quer empreender nesse sentido não tem a menor chance de sucesso, e qualquer ilusão nesse domínio tem um forte efeito enganador. A Fraternidade Rosacruz tem sempre apontado, através dos séculos, a impossibilidade de tal empenho.

Citamos a título de exemplo *A reforma geral do mundo inteiro*, escrito satírico do italiano Trajano Boccalini, publicado junto com a primeira impressão da *Fama Fraternitatis* em tradução alemã de 1614. Nós aí lemos como um grande número de sábios, de autoridades e de pessoas eminentes, reunidos no Parnasso a chamado de Apolo, discutiam, sem o menor sucesso, a possibilidade de uma reforma geral do mundo. O que um supunha ser possível, o outro refutava. Finalmente, esses senhores, derrotados e amargamente desapontados, fitaram-se mutuamente até que o secretário Mazzoni tomou a palavra e disse:

"Meus senhores, permitam-me dizer que me pareceis médicos insensatos, que perdem seu tempo nas escolas e atormentam-se em discussões, sem ver o doente e nem ouvir a narrativa de sua doença.

Nossa tarefa é encontrar a causa da doença e um remédio salutar, e nenhum de nós foi bastante ponderado para pensar em examinar o paciente. Eis por que, senhores, sou de opinião que devemos mandar chamar aqui a geração presente e interrogá-la sobre sua moléstia. Desnudemo-la e examinemos seus membros lesados. Dessa maneira ser-nos-á mais fácil conseguir a cura para essa desesperada."

Essa proposta agradou de tal modo a toda a sociedade, que no mesmo instante os senhores reformadores deram ordem para que fosse chamada a presente geração, que imediatamente foi levada pelas quatro estações numa poltrona ao palácio de Delfos.

Ela aparentava um homem de idade, mas dotado de uma constituição física tão nova e tão robusta, que parecia poder viver ainda algumas centenas de anos; mas parecia só conseguir respirar com esforço e gemia constantemente ao falar, o que surpreendeu extremamente esses filósofos. Perguntaram-lhe, por conseguinte, o que o atormentava tanto, sendo que sua tez se apresentava tão fresca e normal, índice de um calor natural suficiente e de um estômago em bom estado. Recordaram-se, então, de que cem anos atrás ele tinha muito má fisionomia, como se tivesse tido icterícia, mas havia se expressado com vivacidade e com mais força. Pediram ao doente que lhes contasse tudo o que dizia respeito à sua moléstia, pois haviam sido chamados para curá-lo.

A todas essas recomendações ele respondeu: "Meus senhores, pouco tempo após meu nascimento fui atingido por doenças que agora me atormentam. Minha tez só está assim corada por causa da pintura do oriente com a qual as pessoas me enfeitaram. Minha doença é simples como a maré, que sempre contém a mesma quantidade de água, e, entretanto sobe e desce, como vemos na preamar e na baixa-mar. Observo essa mesma mudança em mim. Quando pareço bem de saúde exteriormente, a doença é interior, como agora. Entretanto, quando tenho o aspecto ruim no exterior, estou bem de saúde interiormente. Visto que desejais, contudo, saber quais as moléstias que me atormentam, retirai de mim esta bela sobrecasaca com a qual a boa gente cobriu as deficiências de um morto que ainda respira. Vede-me nu, tal como a natureza me criou, e compreendereis que sou como um cadáver vivente."

Nisso, esses senhores aproximaram-se dele e, imediatamente após terem-no despido, viram que o pobre diabo tinha o corpo todo recoberto de quatro polegadas de escaras que o consumiam. Mandaram trazer dez navalhas e cada um deles começou a raspar cuidadosamente as escaras, porém se aperceberam de que estas haviam penetrado tão profundamente que atingiram o esqueleto e nem um pedaço de carne viva e sã pôde ser encontrado no enorme corpo. Ficaram de tal maneira horrorizados que lhe vestiram prontamente sua sobrecasaca e o dispensaram.

Convencidos, após esse exame, de que não existia nenhuma esperança de cura, eles resolveram abandonar a tarefa que haviam assumido de promover o bem-estar geral, e já não se ocuparam senão de encontrar os meios de conservar intactas a sua reputação e prestígio perante o mundo. Para darem uma aparência de solução ao caso e convencerem o mundo de que haviam dado bom cumprimento à obrigação e defendido o interesse geral, eles ditaram a Mazzoni o estatuto de reforma universal no qual, com palavras pomposas, demonstraram a que ponto se interessavam pelo bem-estar da humanidade."

Essa sátira demonstra claramente nossa intenção. A Fraternidade Rosacruz não deseja nenhum plano de reforma para o mundo agonizante; ela não tem qualquer ilusão a esse respeito.

Mas poderão indagar: Qual é, então, a missão e a obra da Escola Espiritual na nova era? Pode-se ainda falar de uma missão e um trabalho nas circunstâncias atuais?

II

Nos anos vindouros, a Fraternidade Rosacruz manifestará, por si mesma, uma verdade categórica. Já passou o tempo em que a maior parte da energia dos obreiros era empregada para exteriorizar a verdade pela maneira intelectual dialética comum. A humanidade que se diz espiritual e intelectual discute a respeito de "verdade" e "mentira". E se o que afirmamos é exato, que a maior parte da humanidade já não está em condição de distinguir a verdade da mentira, que interesse haveria em apresentar de novo, por um esforço suplementar, a verdade da Rosacruz?

Essa é a razão pela qual a Escola Espiritual não julga necessário fundar uma nova organização da verdade, nem estabelecer debates sobre a verdade. Ela pretende, porém, *demonstrar*, pelos resultados de seu trabalho, a força pela qual existe e atua. A Escola Espiritual da Rosacruz está ocupada em manifestar certo estado real não passível de especulação: a realidade do novo homem. Esse estado real não terá o caráter reformador no sentido social ou espiritual terrestre, porém, sob muitos pontos de vista, atuará em sentido esclarecedor e demolidor. Isso possibilitará a cada um ver claramente a situação na qual se encontram o mundo e a humanidade na presente ordem de existência e, diante da realidade do novo homem, determinar a atitude que tomará, a favor ou contra a Luz.

Portanto, pensamos que, em um tempo relativamente curto, cada homem, tanto o de profundo saber espiritual como o homem superficial, estará em condição, com base em seu próprio ser, de julgar, concluir e determinar sua atitude a respeito da verdade e da mentira, da realidade e da aparência, que serão claramente visíveis. Essa decisão será tomada independentemente de terceiros e ninguém poderá ser constrangido por uma autoridade qualquer.

Uma mudança espiritual realizar-se-á, não com o objetivo de impelir a ordem natural terrestre em qualquer direção nova, seja política, social ou econômica; essa mudança não se voltará contra uma idéia determinada, governo ou igreja; porém, fazendo uso de novas condições atmosféricas e magnéticas, produzirá fenômenos que influirão a tal ponto em todos os reinos da natureza, que as concepções, as relações e as idéias mudarão completa e obrigatoriamente.

Qualquer informação complementar sobre esses acontecimentos futuros poderia constituir, para a maior parte de nossos leitores, motivo de novas especulações; por esse motivo, nada mais adiantaremos. A humanidade sairá de um sonho e será colocada diante de uma escolha. Veremos voltarem as costas os tripulantes combativos que, sós ou em sociedades, com seu suposto Filho do Pai a bordo, querem vos conduzir em direção à margem segura, que jamais atingem.

Assim, a fraternidade mundial não perguntará mais aos eventuais interessados: "Se isso é do vosso agrado, desejais seguir conosco?" Não, porém ela entrará em cena, revelar-se-á, manifestando o já referido estado real. No início da estabelecida fase final, foi dirigida a todo o campo esotérico de vida neste mundo a seguinte declaração: "Podeis unir-vos a nós, caso o desejeis, e se vos considerais aptos; porém isso não é de todo necessário, pois podemos prescindir de vós!"

Que o leitor considere este livro como modesta parte dessa declaração.

A Fraternidade que realiza o trabalho em questão vive e está devidamente preparada para realizar essa tarefa, plena de força e integralmente. Uma mudança espiritual absoluta vai se efetuar no mundo. *Convosco* ou *sem* vós! Eventualmente sem vós... entretanto, *para* vós!

Que aqueles que participam do reino imutável sirvam, de todo o coração, ao Senhor e à sua Fraternidade.

Esperamos e oramos que apraza a muitos refletir sobre a nossa proposta examinando de perto nossa arte e sondar a época atual com muita dedicação e, se possível, propagar, com todo o empenho, nosso ponto de vista. A Grande Obra será realizada. Deus não deixa perecer a obra de suas mãos!

DEI GLORIA INTACTA

A GLÓRIA DE DEUS É INTANGÍVEL

Epílogo

Cruel, absurda e insensata é a vida. Dir-se-ia que um deus monstruoso diverte-se em um jogo lúgubre com suas criaturas. O homem, indefeso, é atirado neste inferno. Ele chegou a pensar que vivia e que o caminho que seguia o levava a um bem superior, mais amplo e mais perfeito. Porém, ele vem para cá para descobrir que é, de uma maneira insensata, esmagado pelo tempo.

Suas ilusões são dilaceradas e, dia após dia, os homens se encontram face a face com a máscara de sangue e morte. Apenas nascidos, começam a se esclerosar, e o câncer consome suas forças vitais. Ainda crianças já estão às portas de um destino...! Mas qual destino? Quem o sabe? É um salto nas profundezas escuras de insondáveis distâncias.

E logo se ajoelham para uma bênção nupcial e dizem: "Sim!" Sim a quê? Que eles santificarão suas vidas!

E os melhores dentre eles experimentam fazê-lo, conseguindo nisso tão pouco. Eles lutam como heróis... mas qual o resultado?

Há uns que riem e outros que choram; há uns que zombam... e outros que levantam os ombros, em sinal de desdém. E há também aqueles que não querem julgar uma vida pelo seu resultado, mas pelo esforço do homem, pela luta que ele trava contra aquilo que foi estabelecido para ele pela natureza. Mas quem é psicólogo bastante para julgar uma vida baseando-se na particular natureza da luta que aí se manifesta?

A arena em que se encontram os homens é de um colorido particular para cada um deles e igualmente diferente para quantos homens haja. Há, em nosso sangue, um passado remoto de eões que arrastamos atrás de nós, neste vale de lágrimas; e há ainda a nossa forma corpórea, cujos aspectos vitais procedem, em sua maior parte, de nossos pais. E nessa situação, precisamos levar a bom termo a missão de nossa vida.

Já meditastes sobre isso? Já vos destes conta de que tendes de realizar o plano divino com um instrumental que, na sua maior parte, não foi criado por vós?

Os homens são chamados de "entidades autocriadoras"... mas, eles não o são!... Há muito tempo que deixaram de sê-lo! Que nosso próprio ser sangüíneo bloqueia nossa manifestação, isso se torna claro e lógico. Contudo, é necessário que o aluno esteja plenamente convencido de que deve sua forma corpórea àqueles que denomina seus pais; e isso é monstruoso... insano... e altamente antinatural! E é precisamente esse processo de procriação natural que nos lança neste mundo... é a lei, a lei de emergência da dialética.

Quando a mãe, inclinada sobre o berço de seu filho, o acaricia, cheia de ternura, é a mãe animal que fala nela; porém, considerando o ser humano segundo o plano de Deus, ela é completamente anormal. E quando um homem, cheio de tristeza, inclina-se sobre um túmulo e chora seus mortos, isso é lógico segundo a natureza, porém, como ser humano, segundo o plano de Deus, ele é anormal.

Descobristes conosco o que se passou? Descobristes a ilusão, a imensa, a profunda mistificação? Habitamos um corpo que, por princípio, por razões de Deus, não é o nosso. Somos como prisioneiros atrás de grades, e a ilusão da carne é mais assustadora e perigosa do que jamais poderíamos imaginar!

Porque nossa prisão não é somente feita de carne e ossos, de uma estrutura celular e de um coração que pulsa, mas possui também uma contraparte etérica e um charco de desejos, uma faculdade de pensamento e, por conseguinte, uma consciência-eu biológica. E isso é, portanto, uma espantosa loucura! Uma espantosa loucura – porque nos batizamos, casamos, procriamos, sepultamos e vemos tudo se desagregar. "Tu és pó e ao pó retornarás."

E por trás de tudo isso está o homem! Quem é o homem? O Senhor X ou Senhora Y, inscritos no registro de nascimento desta ou daquela cidade? Eis aí a ilusão!

Por trás disso, encontra-se o Homem – o verdadeiro homem – o homem que é de Deus e a Ele quer voltar. E aspira manifestar-se – ele quer manifestar-se – porém não consegue. O carrossel biológico gira loucamente em seu circuito, num estrépito ensurdecedor, e o verdadeiro homem tenta escapar dele e procura dar um sinal, porém essas tentativas são igualmente inúteis.

Pesquisador, já contemplaste, no decorrer de uma noite de febril desespero, a face incomparável de teu próprio ser celestial? Numa suprema retração de todos os teus sentidos, já sondaste a sublimidade e a glória da verdadeira vida, enquanto o médico ocupava-se, talvez, em manter em funcionamento o teu aparelho biológico esclerosado?

Já refletiste quão amiga é a morte? Pois a morte é uma oportunidade para a vida!

Não compreendes – e acreditas ouvir nisto as palavras destinadas somente aos desesperados – que aspiramos o fim e que desejaríamos mesmo, facilitar um pouco esse fim.

Mas dizemos-te: A morte é uma oportunidade de vida – uma grande e pálida amiga, assim como a denomina a escritora sueca Selma Lagerlöf – uma grande possibilidade para aqueles que interiormente possuem Jesus, o Senhor.

Por que ocorre, então, que na existência de um homem terreno fala o impulso para a vida superior e verdadeira, o impulso para se transformar em ser humano absoluto? Por que motivo, sob esse impulso, um homem se põe a reagir, seja de um modo ou de outro e, eventualmente, sem resultado dialético visível? É a reminiscência, o passado subconsciente que fala! Mas, por que esse passado subconsciente fala internamente em um, para silenciar em outro?

O fato de haver a reminiscência é provocado pelo despertar parcial do verdadeiro homem superior; o despertar do núcleo espiritual central que, por causa de Deus, faz valer seus direitos e crava a espada no homem dialético.

E sob a influência desse despertar, há os que querem prover a prisão terrestre de comodidades esotéricas. São os que querem dar lugar ao ser celeste, neste corpo biológico da ilusão. Mas existem aqueles também que recusam, terminantemente, associar-se a este elemento de desmoralização, a esta corrupção espiritual... e isso é a Rosacruz – e esse é o mistério da salvação.

Quando o homem aprende a reconhecer que não pode reagir à influência do homem superior nem pela cultura nem pela divisão da personalidade, nada mais lhe resta que *um* caminho, *um* método. O ser superior deve, então, inflamar a reminiscência até torná-la um fogo, uma aflição opressiva, uma solidão, um incomensurável desejo, uma cruciante nostalgia que penetra a carne, torna-se um delírio e faz com que se esconda a cabeça numa almofada para sufocar os soluços; um manifestar de pensamentos de desespero diante de uma vida perdida, em que tudo se tornou obscuro.

Pois bem, esse é o segredo da salvação! Porque essa morte da natureza, esse desmoronar da carne é a libertação! Porque nesse desespero, nesse obscuro e profundo abismo, regado de lágrimas, o campo é preparado para um maravilhoso crescimento. É nessa aflição, segundo a natureza, que cresce o homem celeste, o Cristo em vós. Ele nasce de novo, não pela vontade do homem – não pela carne – mas pela própria vida divina.

Esse homem celeste nada tem em comum com a manifestação dialética. Nem um fio de cabelo, nem uma fibra muscular, nem a menor célula da carne participa nesse processo; nem um por cento sequer!

À medida que a reminiscência importuna o homem e destrói sua paz e o força a percorrer o mundo, soltando gritos de dor, tal como o judeu errante da lenda, o homem celeste cresce e volta a ser uma entidade autocriadora.

Mas os peregrinos o ignoram e se fitam mutuamente com os olhos abrasados e suplicam: "Ó Deus, salva-nos!" – porque eles se sentem morrer, eles se sentem naufragar. E, durante esse tempo, o homem celeste cresce – porém eles não o sabem. E isso é a Rosacruz!

E o poeta do Cântico dos Cânticos entoa seus hinos: "Como és bela, ó minha amiga!" – porém o aluno não a vê – não ainda. E Jesus, o Senhor, testemunha: "O reino dos céus está dentro de vós", e Ele o diz àqueles que se encontram nessa morte, segundo a natureza, porém os peregrinos não conhecem ainda esse mistério da salvação. Mas, um dia, eles o conhecerão.

E, num certo momento psicológico, no seu "dia do Senhor", eles se acharão atirados e perseguidos segundo a natureza, sobre sua ilha árida e deserta – sobre sua Patmos da solidão – e nesse tempo, somente então, o homem celeste manifestar-se-á, em toda sua glória. O processo de crescimento da renovação está já tão adiantado que se pode festejar o fim – o mistério da iniciação e da redenção da nova era. E esse é o mistério da salvação!

Na existência sombria da humanidade, a morte não é libertadora, porém uma simples mudança de situação – um giro da roda. Morrer, porém, enquanto se vive, pode tornar-se a porta da eternidade! A perda da veste terrestre, inútil, não é mais que um fenômeno de importância secundária, porque o homem libertado ascende em seu corpo celeste; a noiva celeste preparou-se para o noivo, e o homem é desligado da roda do nascimento e da morte... e já não haverá reencarnação, salvo uma reencarnação voluntária, a serviço da Grande Obra.

Para muitos alunos que seguem o caminho, assim como foi descrito neste livro, é possível que, no momento em que a morte natural se lhes apresentar, ainda não se trate de um despertar em Patmos e de um renascimento total do homem celeste; porém o que eles tiverem então conquistado desse "homem divino" já não poderá ser-lhes arrebatado. Através de um crescimento ulterior no Vácuo de Shamballa, eles dispõem da grande oportunidade libertadora de poder se desligar da roda e entrar, realmente, na paz eterna do Grande Reino.

Milhares de homens, nossos irmãos espirituais, já se encontram sob a influência das tensões e agitações ocasionadas pelos processos que tentamos descrever-vos. Atacamos fundamentalmente a sua ilusão dialética e os seus sonhos falsos. Fomos obrigados a lhes tirar todo ponto de apoio a que eles procuravam ainda se agarrar. Nós os atingimos em seu coração dialético, e a leitura de certas passagens deve ter irritado muitos. Mas era nosso dever, a serviço da Rosacruz, impeli-los a essa morte segundo a natureza.

E tudo isso não é maravilhoso, amigos desconhecidos? Pois estais sendo impelidos para vossa Patmos, para vossa vitória, e um dia vos tornareis a colheita da Rosacruz Áurea. O machado já está nas raízes da árvore da ilusão, e com passos resolutos transporemos as portas da eternidade. Se estais nesse caminho conosco, conheceis e avaliais a verdade do que foi escrito neste livro e já possuís o homem celeste em crescimento.

Eis por que o antigo poeta cantava: "Aquele que habita nos céus sorrirá!"

Ora, esse sorrir é o ditoso conhecimento e o sentimento de alegria, bem-aventurança que não se exprime mais pela palavra. É o sorrir de tão intensa felicidade, que as lágrimas vêm aos olhos e caem como pérolas na obscuridade, onde brilham como estrelas silenciosas. Esse é o sorrir que desejamos a todos.

Rejubilemo-nos, pois a felicidade eterna nos chama nas consoladoras perspectivas de uma nova aurora.

A Paz Seja Convosco!

Glossário

Alma – Deve ser compreendida, neste livro, como intermediária entre o espírito e a matéria, portanto como a luz e o sangue, os quais ligam o primeiro aspecto da tríplice manifestação humana ao seu terceiro aspecto. A alma da tríplice manifestação dialética é natural e necessariamente mortal. Eis a razão pela qual Cristo é denominado o Salvador das Almas, visto que sem uma alma intermediária absolutamente pura não é possível uma vida mais elevada.

Botão de Rosa – Ver portador de imagem.

Campo de Respiração – O campo de respiração, também chamado de campo de manifestação, esfera aural, ou corpo de desejo, é o campo de força onde emerge a manifestação tríplice dialética do homem. Esse campo de força é luminoso e vibrante e possui uma estrutura individual de linhas e centros de força com um movimento dinâmico. Dependendo do estado do campo de respiração (qualidade – vibração – força) todas as forças e substâncias que nele penetram, provenientes do exterior, são aceitas ou repelidas, retardadas ou intensificadas em sua atividade, admitidas no sistema ou rejeitadas por ele. O campo de respiração faz parte do sistema tríplice dialético do homem: é uno com ele, na sua essência.

Consciência Biológica – A consciência biológica é o centro da consciência natural, comum, do tríplice sistema dialético do homem, delimitado pelo campo de manifestação. É preciso, porém, não confundir a consciência-eu biológica com o aspecto espiritual superior humano, embora este esteja sujeitado pela primeira.

Dialética – Atual campo da onda de vida humana onde tudo se manifesta em pares opostos (dia e noite, luz e trevas, bem e mal, vida e morte, etc...), e, portanto, chamado de "dialética". Em seu estado original, o campo de existência dialético era destinado a prevenir a cristalização através da desintegração natural e harmoniosa da manifestação e da forma, isto é, a permanência do homem no extrato dialético de vida era e é destinado a ser temporário, como uma passagem para reinos superiores e, portanto, considerado como uma ordem de emergência. Conseqüentemente, existem dois processos de desenvolvimentos no campo dialético de existência, um regenerador e outro degenerativo, e por isso, finalmente, existe uma separação entre os habitantes deste campo de existência. Na ordem dialética, o homem pode se regenerar, isto é, elevar-se a um plano superior, penetrar em um campo de vida superior, ou então, degenerar, isto é, submergir na realidade do pecado, penetrar em um campo de vida inferior.

Na Bíblia essas regiões são designadas como "o reino dos céus" e "as trevas exteriores".

Esfera Aural – Ver campo de respiração.

Espírito Central Humano – É o núcleo de consciência primordial, o núcleo espiritual, o verdadeiro homem imortal. Após a queda do homem e seu banimento para o campo de vida dialético, no qual ele atualmente habita, a personalidade celeste foi esvaziada e o núcleo do espírito central perdeu, assim, sua possibilidade de manifestação. Ele foi depois ligado à personalidade terrestre, mortal, que escapou ao seu controle e direção. Suportando sofrimentos infinitos, ele está impotente e obrigado a suportar a consciência biológica, a consciência-eu mortal, voltada às trevas, que age como soberana, em uma automanifestação cega e ímpia. A redenção em Cristo faz cessar essa dominação ímpia do eu pela oblação voluntária do homem-eu. A força da graça do Cristo universal, despertando para a vida a personalidade original, restitui ao homem verdadeiro, o homem-espírito, a possibilidade de se manifestar em conformidade com o plano de Deus.

Fogo Serpentino – Fogo serpentino significa a energia criadora da consciência biológica circulando pelo sistema cérebro-espinal e controlando a completa manifestação dialética através desse sistema e dos nervos (ver: A iniciação de Marte do primeiro círculo sétuplo).

Gnosis – a) O alento de Deus, a plenitude de radiação provinda do Logos, a fonte de todas as coisas pela qual o homem decaído pode realizar o grande plano de salvação. A plenitude de radiação concede

ao homem toda a sabedoria, amor e força necessários caso ele se volte sinceramente à Luz.
b) A Fraternidade Universal como portadora e manifestadora desse campo de radiação de Cristo.

Librum Naturæ – Designação mística da doutrina universal; o conhecimento, a sabedoria e a força absolutos, necessários para seguir o caminho da ascensão.

Mar Acadêmico – Imagem da constante mobilidade causada pelo eterno "subir, brilhar e descer", ao qual tudo, aqui embaixo, é submetido. A existência no nosso presente campo de vida (ver Dialética) é às vezes representada na linguagem dos antigos rosacruzes como um incomensurável oceano de experiências no qual toda a humanidade decaída foi atirada, a fim de chegar a compreender – sob pena de um declínio total – a grande lição de nossa ordem de socorro: a verdadeira vida, vida de paz, amor, sabedoria, liberdade e felicidade, vida elevada acima do sofrimento e da morte, que, sem cessar, o homem quer ver erigida neste mundo de destruição. Essa vida não pode ser encontrada neste poço de iniqüidade (nem deste, nem do outro lado do véu da morte), mas unicamente no reino que não é deste mundo, o reino do amor de Cristo, a verdadeira morada do homem primordial. É por essa razão que Cristo é o pescador de homens que salva do mar acadêmico aqueles que compreendem isso e que desejam enfrentar as conseqüências desse discernimento, conduzindo-os, pela senda da transfiguração, no caminho, na verdade e na vida.

MICROCOSMO – Neste livro, e também em conformidade com a sabedoria original, é a designação dada ao campo de criação humano individual e não deve ser compreendido meramente como o campo de respiração com a sua manifestação tríplice dialética. Num mesmo microcosmo podem existir simultaneamente várias criações diferentes, da mesma forma como percebemos no macrocosmo diversos sistemas que são diferentes entre si. Para se ter uma idéia de tal manifestação múltipla em um campo de criação, imaginemos que uma manifestação múltipla possa surgir da consciência-eu e suas várias concepções religiosas, científicas e mórbidas. Se uma determinada imagem mental for mantida por um período suficiente por uma consciência-eu e for alimentada pelo pensar, querer e sentir, tudo o que foi imaginado toma forma, enfim, no microcosmo, e começa a girar como satélite ao redor de seu criador, da mesma forma como um planeta gira ao redor do sol. Assim, é possível haver demônios vivendo e trabalhando em nosso campo de criação; eles são criações nossas e vivem conosco. Podemos deixar que nesse campo viva um deus, um Cristo, uma Maria ou um hierofante despertados e engendrados pela nossa imaginação, pelo nosso estado sangüíneo. Podemos criar um panteão de ancestrais, amigos e parentes mortos, terminando com várias ilusões de cunho espiritista.

Dessa forma, muitos homens povoaram seus microcosmos com uma horda de demônios, deuses e outros seres; em outras palavras, suas personalidades dialéticas em manifestação tornaram-se infinitamente divididas. Assim, o homem desta natureza é o centro de um planetário ímpio como conseqüência das contaminações e ilusões de sua consciência-eu. Pôr um ponto final na dialética, como descrito neste livro, significa, ao mesmo tempo, a destruição deste planetário ímpio. Purificar o microcosmo é também uma condição para o desenvolvimento do corpo celeste; em outras palavras, um novo sistema de campo de respiração dentro do grande campo da Criação, que não provém da consciência biológica, mas sim do espírito central.

Portador da Imagem – O plano de socorro de Deus para a humanidade decaída, quando ela tem a devida possibilidade, através da escola das experiências, é alcançar a realização do plano original estabelecido pelo Logos. A certeza inabalável dessa promessa está contida na rosa do coração, o átomo-centelha do espírito, ou átomo crístico, que se encontra no ápice do ventrículo direito do coração. Esse átomo primordial, vestígio rudimentar da vida divina, também é denominado semente Jesus, ou jóia maravilhosa do lótus. É o germe para um microcosmo inteiramente novo, a promessa da graça que o homem decaído possui latente em si mesmo, até o momento em que o sofrimento, através das experiências, o tenha amadurecido. Nesse instante o homem se recorda de sua origem e aspira retornar à casa do Pai. É assim criada a possibilidade que permite à luz do ser crístico universal fazer despertar de sua letargia o botão-de-rosa, sendo estabelecida, dessa maneira, a base do processo da clemência divina que opera a regeneração do homem, o processo do novo vir-a-ser humano, à imagem de Deus. O homem que traz no coração o átomo-centelha do espírito pode, portanto, a justo título, ser denominado um portador da imagem de Deus. A grande lição que o homem deve tirar de sua existência atual é que a vida transitória que levamos aqui na terra não é, em si mesma, um objetivo, mas apenas nos oferece, como portadores da imagem de Deus, a possibilidade de realizar nosso grande destino, que é salvar o microcosmo submerso na morte e nas trevas, destinando-o assim a receber a vida eterna.

Rosa do Coração – Ver portador de imagem.

Vácuo de Shamballa – Trata-se de uma região situada fora da esfera material e da esfera refletora, que foi preparada pela Fraternidade da Rosacruz Áurea para propiciar aos alunos da Escola Espiritual uma oportunidade de continuar o trabalho iniciado e levá-lo a uma consumação gloriosa sob as mais harmoniosas circunstâncias, livre das dificuldades, limitações, perigos e aflições inerentes à dialética.

Livros de autoria de J. van Rijckenborgh

- Análise esotérica do testamento espiritual da Ordem da Rosa-Cruz
    - Vol. I: O chamado da Fraternidade da Rosa-Cruz
    - Vol. II: Confessio da Fraternidade da Rosacruz
    - Vol. III: As núpcias alquímicas de Christian Rosenkreuz · Tomo 1
    - Vol. IV: As núpcias alquímicas de Christian Rosenkreuz · Tomo 2
- Christianopolis
- Filosofia elementar da Rosacruz moderna
- A Gnose em sua atual manifestação
- A Gnosis original egípcia · Tomos I, II, III e IV
- A luz do mundo
- O mistério da vida e da morte
- O mistério das bem-aventuranças
- O mistério iniciático cristão: *Dei Gloria Intacta*
- Os mistérios gnósticos da Pistis Sophia
- O novo homem
- Não há espaço vazio
- Um novo chamado
- O *Nuctemeron* de Apolônio de Tiana
- O remédio universal

Livros de autoria de Catharose de Petri

- O Verbo Vivente

Série das Rosas

- Transfiguração · Tomo I
- O selo da renovação · Tomo II
- Sete vozes falam · Tomo III
- A Rosacruz Áurea · Tomo IV

Livros de autoria de J. van Rijckenborgh e Catharose de Petri

- O apocalipse da nova era
  - A veste-de-luz do novo homem · Série Apocalipse, vol. I
  - A Fraternidade Mundial da Rosa-Cruz · Série Apocalipse, vol. II
  - Os sinais poderosos do conselho de Deus · Série Apocalipse, vol. III
  - A senda libertadora da Rosa-Cruz · Série Apocalipse, vol. IV
  - O novo caduceu · Série Apocalipse, vol. V
- O caminho universal
- A Fraternidade de Shamballa
- A Gnosis chinesa
- A Gnosis universal
- A grande revolução
- O novo sinal
- Réveille!

Série Renovação

- Os sete Raios do Espírito e a transformação da vida humana
- Saúde e Espiritualidade - a Cura

Série Cristal

- 1 - Do castigo da alma
- 2 - Os animais dos mistérios
- 3 - O conhecimento que ilumina
- 4 - O livro secreto de João
- 5 - Gnosis, religião interior
- 6 - Rosa-cruzes, ontem e hoje
- 7 - Jacob Boehme, pensamentos
- 8 - Paracelso, sua filosofia e sua medicina atemporais
- 9 - O Graal e a Rosacruz
- 10 - A Rosa e a Cabala

Antonin Gadal

- No caminho do Santo Graal

Francisco Casanueva Freijo

- Iniciação. Iluminação. Libertação.
- Transfiguração e transformação: O processo de surgimento

Karl von Eckartshausen

- Algumas palavras do mais profundo do ser
- Das forças mágicas da natureza

Mikhail Naimy

- O livro de Mirdad

Outros títulos

- O caminho da Rosacruz no dias atuais
- O evangelho dos doze santos

Impresso por :

Graphium
gráfica e editora

Tel.:11 2769-9056